田中俊之

男が働かない、いいじゃないか！

講談社+α《プラスアルファ》新書

はじめに

この本は、日々働く、若手のビジネスマンに向けて書かれています。朝起きて「会社に行きたくない」と考えるのは正常な思考回路であるというのが本書の基本的なスタンスです。したがって、一般のビジネス書のように、お金持ちになる方法が分かったり、戦略的思考が身についたりする内容にはなっていません。

おっと、こんなことを書くと管理職の方から、若手社員がなまける口実を与えるけしからん本というお叱りを受けそうです。そうではないことは読み進めていただければ分かりますので、もう少しガマンしてお読みください。

そして、「どうして働かなければいけないのか」という疑問に対して、「男なら働くのが当たり前」や「男で無職は大問題だろう」などといった安直な言葉で誤魔化すことはしません。男性学を専門にする研究者としての立場から、なぜ性別が男だからという理由だけで、40年という長期間にわたってフルタイムで働き続けなければならないのかについて考えていきたいと思います。

僕は大学卒業後に大学院に進学したため、30歳近くまで学生でした。「普通」のルートから外れることは、はっきり言って恐怖でした。そのために味わった屈辱や苦悩は数えきれません。「普通」の男の人生に疑問を持たず、おとなしく就職しておけばよかったのではないかと何度も後悔しました。それでも、なぜ男性は仕事中心の生き方しか許されないのかという疑問を持ち続けてきましたし、その理由を探ることが現在でも研究のモチベーションになっています。

ようやく大学教員として働き始めた最初の授業、しっかりと準備をしていったはずが、わずか30分で用意してきた内容をすべて話し終えてしまいました。「今日は初回だからこの辺にしておこう。次回から本格的に講義を始めます」とキリッとした顔で言い切り、なんとかその場をやり過ごしました。

この失敗以降、授業準備のために膨大な時間を費やし、仕事ばかりの毎日を送ることになります。それでも講義が円滑に進むとは限りません。講義の準備は万全でも、おしゃべりをする学生がいれば注意をしなければいけませんし、大教室の授業では遅刻や途中退席についても気を配る必要があります。

中にはポテトチップスを食べながら講義を受ける学生もいました。ただ、この出来事をきっかけとして、「ポテトチップスの袋に手を突っ込んでいる学生がいても、デスノートを書いている危険性があるから怖くて注意できないので、お願いだから授業中に食事をするのはやめてください」という初回授業時に使用する定番のネタが完成しました。だから、むしろ彼には感謝すべきなのかもしれません。

いずれにしても、一生懸命に働いているにもかかわらず、自分の思う通りにならないことばかりでした。当然、仕事に手ごたえを感じることはできません。職種は違っていても、若手社員であるみなさんには、この気持ちが分かるのではないでしょうか。

加えて、会社員としてまだ自分の裁量で決められることがそれほど多くはない立場では、仕事に対してやりがいを感じにくいと思います。給料をもらうためと割り切ったところで、勤続年数の短い社員がもらえる額はたかがしれています。自分の時間が持てないのも悩みの一つのはずです。会社員として働き始めると、学生時代と比べて強いられる不自由が多いのに、得られる自由は圧倒的に少ないのですから、仕事に行くのが憂鬱になるのは当然なのです。

しかも、職場で経験を積んだからと言って、仕事が楽になるわけではありません。僕の場合で言えば、確かに、授業は以前よりも上手にできるようになりましたが、年齢を重ねると、その分だけ新しく取り組まなければいけない業務も増えていきます。これは学校でも会社でも同じはずです。

さらに、最近、男性の「生きづらさ」に社会的な注目が集まっているので、男性学が専門の僕に各種メディアから一般書の執筆や取材の依頼が来るようになりました。ありがたいことだと感謝はしているのですが、大学の業務に加えて、こうした仕事をこなすのは精神的にも肉体的にもなかなか大変です。しかも、経験したことのない仕事なので、また一から勉強する必要があります。

NHKで土曜日の朝に放送されている『週刊 ニュース深読み』(「あなたの家庭は…どう考える〝家事ハラ〟」2014年10月4日放送)に出演した時のことです。全国ネットの生放送に緊張するあまり、番組が始まってから10分ほど置物のように無言で座っていました。

もちろん、まずいとは感じていたのですが、なかなか発言するタイミングがつかめません。するとADの方がカンペを持ってこちらを見ています。そこには、「田中さん、しゃべってください」と書かれていました。なんとか勇気を出して口を開き、後半は盛り返したものの、実に悔しい生放送デビューとなりました。

入社したばかりの頃は、10年も勤めれば、落ち着いて仕事がこなせると考えていたのではないでしょうか。しかし、現実は違います。私は40年間勤め上げた定年退職者の男性たちにインタビューをした経験がありますが、質は違っていても、20年後、30年後も仕事に対する戸惑いがなくなるわけではありません。

若い人に限らず人間は総じて、早く安定したいと考えがちです。しかし、仕事の面だけで考えても安定など幻想でしかありません。そもそも若手のビジネスマンのみなさんが実現したい安定とは何でしょう。そして、どうして安定にこだわってしまうのでしょうか。

問題の背景には、みなさんが単なるビジネスパーソンではなく、ビジネスマン、つまり男である、ということがあります。男性学を通して男性が働くことの意味を考えることで、これまでとはまったく違った現実が見えてきます。自分自身の人生を歩むためには、「普通」や「常識」から距離を置かなければならないのです。

男性学って何ですか

この本の目的は、男性学の視点から、男性が働くことの意味を見つめ直すことです。しかし、そもそも男性学とは何だか分からないという方が多いと思います。実際、市民講座などの冒頭で、僕が「男性学を知っていますか」と訊ねると、決まってみなさん目線を合わせないようにうつむいてしまうので、会場には気まずい空気が流れます。まずは、男性学がどのような学問なのかを説明しておくことにしましょう。

男性学とは、男性が男性であるからこそ抱えてしまう悩みや葛藤に着目する学問です。日本の場合、働きすぎ、自殺、あるいは結婚難などが男性の抱える典型的な問題だと考えられます。女性学の影響を受けて、日本では１９８０年代後半から議論が始まりました。学問としての歴史が30年にも満たないので、知名度が低いのも仕方がありません。

女性学と男性学には共通の目的があります。「性別にとらわれない多様な生き方」の実現です。男性学の役割は、これまであまり注目されてこなかった男性特有の悩みや葛藤の輪郭を明確にし、解決の糸口を見つけ出すことになります。

したがって、よく勘違いされているのですが、仕事にすべてを注ぐ男性や専業主婦の存在を否定しているわけではありません。男性学の立場では、そうした男女がいる一方で、専業主夫やバリバリ働く女性がいてもいいだろうと考えます。要するに、さまざまな個性を持った人々を、男女というたった2つのカテゴリーで区分するのは無理があると主張しているのです。

一般的に、女性に比べて男性は機械に強いとか車の運転が上手といったイメージを持たれています。10年くらい前までは、女性ならともかく、男性でオートマ限定の免許証は恥ずかしいと考えられていました。現在40歳になった僕も「マニュアル免許」の一人です。かつて多くの男性は、男としての面子《メンツ》を保つために、乗りもしないマニュアル車の運転を教習所で練習していたのです。実際的にはそれほど意味はないけれど、男の意地としてやっておかなければならない。運転免許に限らず、こうした無意味なこだわりや思い込みが男性の生き方を不自由なものにしています。

要するに、男性学は「頼りない男の劣等感を認めてくれ」と主張するくだらない学問なのかという感想が出てくるかもしれません。くだらなくはないのですが、男性学は、「男とはこういうものだ」というイメージ、つまり「男らしさ」に対してプレッシャーに感じる男性の気持ちを尊重して、しっかりと耳を傾けます。男だって、つらいことや嫌なことがあれば、素直に口に出したほうが健全です。男性学の立場では、そうした感情をないものにしようとする社会的な圧力のほうがよほど問題だと考えます。

あるいは、こんな些末《さまつ》で日常的なことよりも、政治とか経済とかもっと社会全体に関わる重要な問題があるという意見も聞こえてきそうです。男性学の学問としての根幹に関わることなので、これには反論しておく必要があります。

政治や経済のように、いかにして社会を構想していくかということと同じくらいに、一人ひとりがどのように生きるかは重要な問題です。人生の中で、どちらにも目配りをする必要があり、優劣がつけられるような問題ではありません。とりわけ、これから生活の基盤を作っていかなければならない若者にとっては、社会よりも、目の前の個人の問題のほうが切実だと言えます。

男性学的な観点からすれば、政治や経済といった「大きな」議題にばかりかまけて、自分自身の問題を直視できない男性がたくさんいることが問題です。やれ政治だ経済だと偉そうなことばかり言っているおじさんたちが、家庭や地域といった身の回りの生活にも少しだけでいいから関心を持っていれば、仕事と家庭の両立のような現代の若い世代の抱える問題はもう少し緩和されていたでしょう。

さらに指摘しておかなければならないのは、社会の問題と個人の問題はつながっているという端的な事実です。さきほど、日本における「男性問題」の典型の一つとして自殺を例にあげました。日本では年間に2万5000人前後の方が自殺で命を失っています。男女別で集計すると、毎年、女性は1万人に満たず、男性が女性の2倍以上であることが分かります。同じ日本という社会で生活をしているのに、男女でこれほど数に差があるのですから、明らかに性別と自殺には関連性があると言えます。

なぜこれほどまでに男女差があるのでしょうか。個人の問題に焦点を当てると、弱音を吐いたり、他人に悩みを相談したりするのが苦手な男性の傾向が見えてきます。男としてのプライドが、自分の感情を素直に表現する際に邪魔になっているのです。

一方、社会の問題に目を向けてみれば、男性は学校を卒業したら定年退職までフルタイムで働くべきだというルールが存在していることが分かります。結婚をすれば、これに一家の大黒柱としての期待が上乗せされていきます。一旦働き始めたら、仕事を途中で投げ出さないように、家のローンや子どもの教育費といった具体的なかたちで、何重にも足枷《あしかせ》が嵌《は》められていきます。

つまり、弱音を吐いてはいけないと考える男性たちの思考と弱音を吐かせないようにする社会の仕組みは、互いに影響し合って成立していることが分かります。このように、男性学では、生活している中で男性が抱くさまざまな感情を個人的な問題として切り捨てるのではなく、社会構造とつなげて考えていきます。

以上が男性学の基本的なスタンスです。若いビジネスマンのみなさんが抱える悩みに対して、世間の「常識」とはまったく違った角度からの回答が出てきそうだと思いませんか。それでは、男性と仕事の関係について一緒に考えていきましょう。

◉目次

第4章　世の中のせいにしたって、いいじゃないか

第１章　就職できなくたって、いいじゃないか

男性にもいろいろな人がいる

男性学は、男性が男性であるからこそ抱えてしまう困難や葛藤に着目する学問です。ただし、男性をひと括《くく》りにしているわけではありません。「男とはこういうものだ」という決めつけに対して反論するのは、男性学の重要な役割です。

男は話を聞かないだとか、女は地図を読めないだとか決めつけて、むやみに男女の違いを強調する議論を見かけます。だから男と女は分かり合えないのかと納得してしまう人もいるようですが、人を男と女のたった2種類に分ける議論は雑すぎます。人は性別が同じだからといって、お互いに分かり合えるわけではありませんよね。同じ性別でも性格に違いはあり、いろいろな人がいます。

ちなみに、本書では男性は一般的にこのような傾向があるという話をしている部分があります。あくまで傾向について言及しているだけで、男性を一つの集団として扱っているわけではないので注意してください。

同じ男性でも個性があるというのは冷静に考えれば当たり前の話で、何の目新しさもないと感じるかもしれません。男性学では、単に男性をひと括りにはできないと主張するだけではなく、男性間の上下関係に目を向けていきます。これが本章のポイントになる視点です。

子どもの頃なら、勉強はできないけれど、足は速いとか、図工が得意とかいくつか評価の基準がありました。大学生であれば、雑誌の読者モデルやバンドのボーカルでもしていればそれなりにチヤホヤされたでしょう。しかし、会社では、仕事はできないけれど、足が速いから、顔がいいからといった理由で、出世させようなどということはありえません。就職して以降の人生では、男性の評価がほぼ仕事上の経験と業績で決まってしまいます。このような画一的な評価はどのように作られているのでしょうか。具体的に見ていくことにしましょう。

正社員として就職できないと人生終わりですか

終わりません。人生ってだいたい80年ぐらいはありますから、学校を卒業して正社員として就職できない時点で人生が終わってしまうとすると、残りの60年はどうなるのでしょう。もったいないですね。もちろん、そこまで深刻に受け止めているわけではなく、「正社員になれないとイメージしていた通りの人生が歩めない」ぐらいの意味で言っているのだと思いますが。

学校を卒業したら正社員として働く。30歳ぐらいになれば仕事も落ち着くので結婚、子どもは2人ぐらい。男として自分の稼ぎで妻と子どもを養う。いずれは家を買って、週末には車で仲良く出かけたい。学生の頃には、だいたいこのような将来像を「普通」だと考えていたはずです。

正社員で働いていることが、思い描いていた人生の前提なのですから、正社員として就職できないと、自分の将来はどうなってしまうのかと不安になるのは無理もありません。しかし、よく考えてみてください。本当にこのような「普通」の男性の人生は素晴らしいものなのでしょうか。


住宅ローンを例に考えてみましょう。確かに、非正社員はローンを組みにくいという問題があります。一方で、ローンを組むのがいいことなのかどうかは判断が難しいところです。最近は25年ではなく、35年の住宅ローンも珍しくなくなりました。35年あれば、0歳のかわいい赤ちゃんも中年のおじさんです。立派に育って良かったですね。しかし、利子をつけてお金を返す期間として35年は長すぎないでしょうか。金利2％で3000万円借りた場合、利子だけでおよそ1000万円にもなるのです。借りる金額が高く、返す期間が長いと、利子はこんなにも膨らみます。

就職してから定年退職するまではおよそ40年です。年金の支給年齢引き上げに合わせて、定年は延長されているので、人生は80年しかないのにいずれは働く期間が50年になりそうな勢いです。職場に嫌な上司がいたり、閑職に追いやられたりするかもしれません。フルタイムで働くのが厳しければ厳しいほど健康状態が悪化してしまう人もいるはずです。会社が倒産する可能性だってあります。それでも家計のほとんどが男性の稼ぎを頼りにしている場合には、途中で働くのを辞める選択肢はありません。どれだけ厳しい状況でも、家族に対する責任を果たし、苦難を乗り越えて働き続けるのが「男らしい」男だと言う人もいるでしょう。その考えを否定はしません。しかし、それはあくまで個人的な好みの問題であることを理解してください。男だからという理由だけで、すべての男性が背負う必要はないのです。また、妻の側はこんな「男らしさ」を期待しているのでしょうか。フルタイムで働こうという意欲のある女性は増えていますし、そもそも鬼でもない限り、命を削ってまで夫に働いて欲しいと思う妻はいないはずです。

多くの人が「普通」だと思っている男性の生き方をしようとすれば、自動的に数十年もの期間にわたって仕事中心の生活をすることになります。何をするにも、仕事に支障を来《きた》さない範囲でやることになるわけです。社会人として、それは「普通」だと言いたい人もいると思います。

考えてみてください。男性が仕事を第一に考えて、そこに影響しない範囲で家庭に関わろうとするから、育休を取得する男性がわずか2・3％（2014年度）にとどまっているのです。100人に2人しかいないのですから、周囲の人は育休を取得した男性社員に対して「おかしな奴」というレッテルを貼って終わりです。例外扱いして、これまで通りの男性の働き方を守るわけです。実際に、育児休業を取得した男性に話を聞くと、育休を取るためには、「空気を読まないこと」が大切だと言っていました。

大人の男性には、正社員としてフルタイムで定年まで働き続けるというたった一つの生き方しか許されていません。立ち止まって考えてみれば、この息苦しさについて、ほとんどすべての男性が疑問を持たず、反発することもなく受け入れているのはとても不思議なことなのです。

とは言え、若者にとって将来の見通しの悪さは、苦痛そのものだと思います。しかし、「普通」だと思っていた人生の前提である正社員というルートから外れている状況は、自分なりの道を考えるチャンスです。「終わった」などと言って絶望してみたところで、誰かが何とかしてくれるわけではありません。いかに自分の人生をトータルとして充実したものにするか考えてみてください。正社員になれなかったからこそ始まる人生だって、必ずあります。

フリーターよりもブラック企業の正社員のほうがましですか

正社員は働き手として「優秀」であり、非正社員は「劣っている」という偏見は確かに存在します。だから、いつまでもフリーターを続けるぐらいなら、ブラック企業でもいいから正社員になりたいと思ってしまうのは当然の心理でしょう。

男性学では、あるタイプの男性像を否定することで、理想的な男性像が維持される仕組みがあると考えます。まず「普通」があって、そこから外れたものが「おかしい」のではなく、逆に、何が「おかしい」かを決めて、「普通」が作り出されているということです。この場合であれば、正社員が「優秀」で、そこから外れた非正社員が「劣っている」のではなく、まず非正社員を「劣っている」と見下し、あたかも正社員が「優秀」であるかのような認識が作られていると考えられます。

就活生は無難なリクルートスーツに身を包み、みんな同じ無個性な髪型をします。ストライプのスーツでさえ、派手だからマナー違反だと禁止されるレベルです。髪を染めるなんてもってのほかでしょう。大学の授業では遅刻や途中退室、そして、おしゃべりもしていたはずですが、会社の説明会では全員が背筋を伸ばし真剣な面持ちで企業の人の話を聞きます。

多くの大学生は誰が本当に自分のことを心配してくれ、真に価値のある情報を提供してくれているのか分かっていないのだなと、一人の大学教員としては悲しくなります。一方で、男性学を研究する立場からは、彼らを別人に変身させてしまうほど、非正社員になりたくないと思わせている社会の圧力に興味がわきます。

他にも、現代の日本では、趣味の領域では、オタクを気持ち悪いと蔑《さげす》んで、「まともな」大人の男はマンガやアニメを卒業しているべきだというルールが強化されています。恋愛に目を向けると、草食系男子を頼りなくて情けないと見下すことで、男たるもの女子を強気にリードすべきという考え方が「普通」として維持されているのです。ですから、「こういう男はどうしようもない」という話を耳にした時には、「本当にオタクだの草食系男子だのって気持ち悪いよね」と安易に受け入れるのではなく、その裏で何が持ち上げられ、どのようなルールが形成されているのかを考えてみなければいけません。

仕事の話に戻ります。僕も大学院生だった2000年代の前半に、契約社員として働いた経験があるので、平気で非正社員に対して「使えない」などと心無い発言をする正社員がいることはよく知っています。立場の違いだけでこうした扱いをするのですから明らかに差別です。

与えられた業務は、携帯電話を操作して携帯サイトのバグを見つけるだけという単純作業の仕事でしたから、使えるも使えないもありません。携帯の操作に夢中で、正社員が出社したのに誰も挨拶《あいさつ》をしないと怒られたこともありました。携帯を一瞬も休まず操作し続けるのが仕事なのですから、理不尽すぎる発言です。時給1200円の8時間で一日に1万円近くの収入でした。週3日勤務でも月に十数万円稼げます。本音を言えば、多少の屈辱に耐えるという苦痛はありますが、夢にまで見たほぼ何もしないで給料がもらえる仕事にありつけたとさえ思いました。

夢にまで見たはずの楽な仕事も、1ヵ月も経てば飽きてしまいます。作業が単純すぎますし、何より困ったのは、サイトにまったくバグがないのです。やりがいを感じることができません。何度時計に目をやっても、時間は過ぎておらず、無意味に携帯を操作するのが苦痛で仕方なくなりました。一番の問題は、こうした単純作業をいくら続けても自分のキャリアアップには一切つながらないことです。ホワイト企業で働いていれば、上司や先輩の指導を受けて会社員として成長できますし、やりがいのある仕事の経験は自分を高めてくれます。正社員と非正社員の間に、元々実質的な能力の違いはなかったとしても、年月を重ねれば重ねるほど差がついてしまうのは明白です。

このように考えてみると、社員を平気で使い捨てるようなブラック企業の正社員になるのは無意味だという結論になります。キャリアアップにつながらないという点では、フリーターを続けているのと変わりません。むしろ過酷な労働環境に置かれて肉体的にも精神的にもすり減ってしまう危険がある以上、ブラック企業の正社員よりも、まともな企業でアルバイトをするほうが自分の可能性を広げてくれると言えるでしょう。くれぐれも、正社員になりたいという気持ちにつけ込まれないように注意してください。

働くなら中小企業より大企業ですよね

自慢話って聞いていて心の底からうんざりしますよね。もちろん、誰にでも人から認められたい欲求があるので、つい自慢話をしたくなる気持ちは理解できます。ただ、興味がない話を繰り返し聞かされる側のことも考えてもらいたいというのが、多くの人の本音です。

自慢話をする人は迷惑がられていることを理解していないのかなと不思議に思うわけですが、そういったことに気がつけるぐらいなら、そもそも一方的につまらない話を続けたりはしません。人の評価を過剰に気にするくせに、自分は人の気持ちに配慮しないのですから困ったものです。「自慢高慢馬鹿のうち」という素敵な言葉に世の真理を感じます。

ところで、僕は学習院大学で研究員をしていた頃に、『火垂るの墓』や『かぐや姫の物語』の監督である高畑勲《たかはたいさお》さんと一緒にお仕事をさせていただいたことがあります。学習院大学という有名大学で働いていたからこそ、高畑さんのような著名人と仕事をする機会が得られたわけです。

大学院を出たばかりだったのですが、同年代の多くの研究者志望の人たちは食べるのにも困る状況でした。そんな中、僕は大学院を卒業してすぐに研究員としての職を得て、はやくも栄光への第一歩を踏み出していたのです。ほら、自慢話って気持ち悪いでしょう。

当たり前ですが、自慢をするためにこのエピソードを披露したのではありません。高畑さんの映画作りに対する姿勢から、企業の大きさで仕事を選ぶことの是非について考えてみたいのです。

評論家だけではなく、いまではネットで誰もが気軽に映画をレビューできる時代になっています。高畑さんレベルの映画監督であれば、相当な数のレビューが書かれているはずです。それでも、高畑さんは、自分の作品が世間にどのように評価されるのかをまったく気にしないとおっしゃっていました。自分にできるのは作品を完成させることまでで、それを観客がどのように感じるかは自由であるという理由からです。

人がどのように評価するかに関係なく、自分の仕事をきっちりとやり遂げる。この姿勢からは、働く上で学ぶべきことがたくさんあります。まず、いくら躍起になって事前にリサーチしても、作品がどのように受け取られるのかを完全に把握することはできません。自分がコントロールできないことについては、いくら考えても仕方がないのです。

加えて、事後の評価ばかりを気にしていては、自分が本当に作りたいと思っているものを撮ることができなくなってしまいます。独創的な仕事をしたいと考えている若者は多いはずですが、周りからどう思われるかを気にするあまり、実際に独創的な仕事をしている会社員はごくわずかという悲しい現実があります。

さて、大企業か中小企業かという問題に引き付けてみましょう。知名度が低いだけで、中小企業でも独自の技術を持っていたり、特定の分野においては大企業を凌《しの》ぐ業績をあげていたりといったケースがあります。自分が会社で何をしたいのかがはっきりしていて、理由はないけれど知名度の高い企業で働きたいという虚栄心をひとまず脇に置くことができるのなら、働く場として大企業だけではなく中小企業も選択肢に入るのは当然です。

逆に言えば、とにかく働くなら中小企業より大企業という発想は、何がしたいのか分からず、それでも見栄を捨てられない人がすがりつく固定観念であると言えます。

就職活動中の学生だけではなく、実際に働き始めてからも、自分のしたいことが分からない人はたくさんいます。しかし、自分なりの評価の基準を持てなければ、働く場所を選ぶにも、他人の評価に振り回され、企業の規模や知名度といった分かりやすい要素にばかり目が行くことになってしまうのです。

就活中は自分が求められた企業で働くのが幸せだという話をよく聞いたはずです。就職活動をすると不採用通知を山ほどもらうのですから、縁あって内定が出た企業で働くのが幸せだと考えたい気持ちは理解できます。しかし、もし、自分の求めている仕事をできる場所が他にあるとすればどうでしょうか。簡単に答えの出る問題ではありませんが、「自分が何をしたいのか」に真剣に向き合うことは、自分なりの価値観を育む上では欠かせない作業です。ぜひ真面目に考えてみてください。

無職って恥ずかしくないんですか

大切なことなので繰り返しますが、あるタイプの男性像が否定されている時、その裏で何が肯定されているのかを見極めなければなりません。フリーターや契約社員など非正社員として働く男性たちは、「男は正社員として働くべきだ」というルールから外れているので、低い評価を受けています。

とは言え、若者の間で顕著に非正規雇用が広がっている現状では、フリーターも契約社員も働いているのだから良しとしようではないかという流れができつつあります。つまり、雇用形態にかかわらず男性を「働いている側」と「働いていない側」に分類して、無職だけは絶対に許さないという風潮が広まっているのです。

だから、「非正社員で働いている若者は努力が足りない。低賃金や不安定雇用に甘んじていたとしても自己責任だ」などと口を滑らせるおじさんはだいぶ減ってきました。もし、政治家がこうした発言をすれば、きっと仲間の政治家から、せっかく非正社員の増加が「当たり前」になってきたのに、どうして注目を集めるようなことをするんだと怒られてしまうでしょう。実際、非正社員が過去最多を記録したというニュースはすでに「普通」の出来事として毎年流れてくるので、人々の注目を集められなくなってしまいました。

一方で、生活保護受給世帯も過去最多を更新し続けていますが、こちらの話題についてはニュースになるたびに「いいかげんにしろ」「真面目に働いているのが馬鹿らしくなる」という声が聞こえてきます。生活保護を批判している人は、どのような形態であれ働いているのでしょう。生活保護をもらっている人たちを「間違っている」と叩くことで、自分を「正しい」側に置き、働くのが「普通」というルールの強化に貢献しているのです。

つまり、いままでは「正社員として」の部分が外れ、どのような雇用形態であるにせよ「男は働くべきだ」にルール変更されたと考えられます。女性の活躍や定年延長が声高に主張されていますから、正確には、現代の日本社会では、「性別、年齢問わず人は生きているかぎり働くべきだ」というルールが確立しつつあると言えるかもしれません。実に、恐ろしいことです。

男性だけではなく、女性や高齢者も働くことが期待されていますし、幼児でさえキッザニアで職業体験をする世の中なのですから、無職の男性は恥じるべきという認識がかつてないほどに高まっています。

無職と言っても、そこに至る経緯はさまざまであったはずです。働きすぎによる体調不良、病気や怪我、こうした明確な理由があって仕事ができなくなってしまった男性を誰も責めることはできません。あるいは、主夫をしている男性に「お前はヒモだ」と侮蔑的な言葉を吐く人がいるそうですが、夫婦で話し合って決めた選択にどのような権利があって口をはさんでいるのでしょうか。主夫はお金を稼いでいないだけで、主婦と同じく家庭での役割を果たしています。家事や育児に関わってこなかったから、そのような無理解な発言をしてしまうのです。

会社が自分に合わず、辞めてしまう場合もあるはずです。所属した集団に馴染めないということは、誰にでもありえます。履歴書の空白期間が長くなればなるほど、就職活動をしようとする意欲は削《そ》がれていくことは、こうした境遇に置かれていなくても容易に想像がつきます。少し考えてみただけでも、無職の男性をひと括りにして見下すのが間違っていることは明白です。僕は大学の授業だけではなく、市民講座などでもこの主張を繰り返してきました。

ある日の市民講座の終了後、若い男性が僕に近づいてきました。肩を落として彼はこうつぶやきました。「やっぱり何も理由がないのに無職なのはダメですよね」。理由もなく仕事をしない男性の話を真剣に聞いてくれる人はいないのでしょう。男性学が男性の抱える困難な葛藤に目を向ける学問であるとするならば、簡単に無視され、誰にも相手にされないような男性の言葉にこそ耳を傾ける必要があります。

僕は彼の話を真剣に受け止めようと、「そんなことはないですよ」と微笑みながら言いました。彼の顔がパッと明るくなりました。さらに話をしようと、「ところで、時間があれば一緒にコーヒーでも飲みながら少し話しませんか」と言葉を続けると、「いえ、この後、用事があるので失礼します」とあっさり断られ、男性は去って行きました。世界は謎に満ちています。

ひとつの会社で働き続けるべきですか

男性の場合、働いていないと周囲から不審に思われてしまうわけですが、それよりマシとは言え、転職を繰り返すことに対しても否定的なイメージがつきまとっています。ニュースやワイドショーで、犯罪者の肩書を紹介する際、無職に次いで「職を転々」が、視聴者の「ほら、やっぱり」という感情に訴えかけてきます。

こうしたイメージに惑わされて、漠然とした不安から転職をためらっているのだとすれば、実にもったいないと言わざるをえません。具体的に何かやりたいことがあり、いまの職場でそれが実現できないのだとすれば、当然、転職は考えてみるべきです。

以前、卒業生が電話で転職に関する相談をしてきました。後で聞いたのですが、営業の車の中からかけていたそうです。よほど追い詰められていたのでしょう。会社を辞めて教員を目指したいということでした。最近、あらためてこの時のことについて聞いてみたところ、「会社を辞めて教員試験に受かる自信もないし、会社を辞める勇気も持てなかったので、田中先生に電話をした」と言っていました。

僕はゼミの担当教員でしたので、成績や授業態度といった表面的な部分だけではなく、真面目で努力家な彼の性格をよく知っていました。教育実習に行った際には、実習先の中学校の生徒と撮った写真をうれしそうに見せてくれたこともありました。

彼は冗談を言えるタイプですが、決して他人を傷つけるようなネタで笑いをとったりはしません。個人的な好みの問題かもしれませんが、人前で話をする職業である以上、適度なおもしろさは教員の重要な能力であると考えています。要するに、僕から見れば、なぜ難易度が高いという理由だけで教員を目指すことを止めてしまうのかと不思議に感じるような学生だったのです。それだけ、現代の日本社会では、男性は学校を卒業後はすぐに正社員として働くべきだというルールが浸透しているということなのです。

当時の彼がよく自覚していたように、教員採用試験にすぐに合格するとは限らず、仕事を辞めることにはリスクもあります。それでも、本人の希望と適性が一致しているのですから止める理由は何もないと思いましたので、教員を目指すべきだとアドバイスをしました。現在、彼は中学校の教員として立派に働いています。回り道をしたと思うかもしれません。しかし、会社員として働いた上で、自分の希望が明確になったのですから、その数年間は決して無駄な時間ではなかったのです。

ここで重要なのは、彼が大学在学中に教員免許をきちんと取得していたということです。教員免許を取得するためには多くの単位を取得する必要があり、とりわけ教員養成専門の課程ではない学生の多くは、簡単に教員免許の取得をあきらめてしまいます。

ほとんどの女子学生は真面目に大学生活を送っています。幼い頃から女の子は、「やさしい、真面目、細かいことに気がつける」といった繊細さを求められているからです。一方で、男の子は「乱暴、不真面目、大雑把」であることが、男だからと許されてしまいます。そのため、男子学生は簡単に授業を休んだり、課題を提出しなかったりします。「真面目に勉強していると冷やかされる」と相談してきた男子学生もいました。安易で雑な大学生活は、典型的な「男らしさ」の弊害だと言えます。

仮に、転職したいと考えている職場で、高い英語力が求められているとしましょう。しかし、働きながら仕事に生かせるレベルの語学力を身につけるのは困難です。将来を見越して大学時代に真剣に語学に取り組んでいればあり得た道は、男なのに真面目に勉強するのは恥ずかしいと考え、「乱暴、不真面目、大雑把」に時間を過ごしたせいで失われてしまったのです。

悩みを相談する時、相談者はすでに答えは決まっていて、背中を押して欲しいだけだと言う人がいます。確かにそうかもしれません。しかし、転職のように人生に関わる重大な決断については、信頼関係があり、客観的な評価を下せて、反対意見も言ってくれるような相手を選ぶべきです。ちなみに、同窓会の席で「あの時、先生に電話してよかったです」と教員になった教え子に言われた際、僕は何のことかさっぱり分からず、彼を大いに失望させてしまいました。反省しています。

公務員は安定していますよね

以前、市役所の近くに住んでいたことがあります。夕方には公務員の方たちが帰宅する姿を見かけました。日の長い季節だと、まだまだ明るい時間帯です。世間の目があるからか、気まずそうに帰る人もいました。実際、公務員は楽なのに安定していてズルいという批判をよく耳にします。

冷静に考えれば不思議なことです。市役所の場合、地方公務員ですから、労働基準法が適用されます。したがって、原則として、一日に8時間、週に40時間を超えて働くことはできません。この範囲で働けば、市役所だけではなく民間企業でも、午後5時から6時ぐらいに退社するのは「普通」です。夕方に市役所勤めの人が帰宅していく姿よりも、終電間際まで、スーツ姿のサラリーマンで駅のホームがごった返しているほうがよほど「おかしい」光景なのです。

「おかしい」はずの長時間労働が「普通」になり、その感覚から「普通」の労働時間が「おかしい」働き方に見えてしまっているのだとすれば、実に恐ろしいことです。長時間労働を改善するためには、制度的な仕組み作りはもちろん大切ですが、週5日40時間が「普通」であることを確認し、それ以上働くことは「おかしい」という感覚を多くの人が身につける必要があります。

ちなみに、国家公務員には労働基準法が適用されません。知っていましたか。多くのいい加減な公務員批判は、地方と国家の区別もなく、業種も問わず公務員をひと括りにしています。そもそも、非正規化の流れは公務員も例外ではないのです。

あるタイプの男性像を否定して、理想的な男性像を作り上げるという社会の仕組みを説明してきましたが、個人の心理に目を向けると、社会心理学の知見では、所属する集団の社会的な評価が低いにもかかわらず、自己評価の高い人が、他人をステレオタイプ化して見下すことで自尊心の糧にする傾向があると指摘されています。公務員批判に限らず、他人を見下し、蔑むことで自分が優位な立場になったかのように錯覚している男性は、本当の敵は自分であることを理解してください。

１９９０年代以降、日本はひたすら不景気だと言われてきました。20年以上も続いているのですから不景気でもなんでもなく、これが平常の経済の状態なのではないかと思うのですが、それはともかく、この間に、民間企業と比べて公務員は安定しているというイメージが定着し、就職先としての人気も高まりました。ちなみに、新小学校1年生の男子がなりたい職業の1位はスポーツ選手ですが、親が彼らになって欲しい職業の1位は公務員です。

こうした社会背景があるので、学生時点での公務員を志望した理由が安定であったとしても責められる謂《いわ》れはないでしょう。ただし、働き始めてからも同じことを考えているのだとしたら、それは批判されても仕方がありません。公務員は公、つまり社会全体のために働くことが求められているのに、安定しているから公務員がいいというのは完全に私利私欲だからです。

単なる会社員、英語で言えばoffice workerを日本では社会人と呼びます。僕は日本語の社会人という言葉は間違っていると主張しています。社会とは企業だけで成り立っているわけではありません。地域や家庭といった領域も社会を形作る重要な要素です。当然、家庭の仕事を担う主婦・主夫、あるいは、地域活動を頑張る方々も社会の一員になります。学生だって同じです。「社会人」という日本語を、意識して「会社員」に言い換えていくべきです。

会社勤めをする人だけを社会人と呼び、あたかも地域や家庭よりも価値があるかのように思っているから、企業の中でしか通用しない「仕事よりも家庭を優先するようなら出世できないぞ」といった偏った論理が、あたかも「正論」であるかのように聞こえてしまうのです。

公務員を批判する際、「民間企業では考えられない」というのが常套句《じょうとうく》になっています。しかし、企業だけではなく、地域や家庭を含めた広い意味で社会をとらえるなら、社会全体に仕事として関わるのが公務員です。こうした違いがある以上、民間企業の会社員と公務員の単純な比較は無意味です。少なくない会社員が、自分が何のために働いているのか分からないまま仕事をしています。それに対して、公務員は、社会全体のために働くという役割が明確に与えられているのです。公務員の方たちには、公務員の仕事の意義を理解し、自覚を持って働いて欲しいと思います。頑張ってください。

生き残る企業はどこですか

最近、マクドナルドってびっくりするぐらい空《す》いていますよね。また、閉店も何軒か見かけました。一昔前、特に昼時などは座る席を見つけるのが大変なくらい混んでいました。そうした勢いを反映して、5年前の2011年、当時のCEOが『勝ち続ける経営 日本マクドナルド原田泳幸の経営改革論』という本を出版しています。それがわずか数年の間に、誰が見ても明らかなくらいに経営の立て直しが必要な状況なのです。

言うまでもないことですが、世界的な企業であるマクドナルドの経営陣は極めて優秀な人たちの集まりのはずです。ビジネス書のタイトルにつけるのは簡単でも、現実に「勝ち続ける経営」をするのは非常に難しいことが分かります。似た例としては、プロ野球チームの監督が勝てる組織のつくり方について本を出しておきながら、翌年には成績不振であっさり退任するケースが挙げられます。

男性はちょっとおだてられると、すぐにつけあがってしまう傾向があります。したがって、僕たち男性が、経営者やプロ野球の監督が執筆したビジネス書から学ぶべきは、「一時的に調子がいいからといって、図に乗ってはいけない」という教訓なのです。

単に経営は難しいという話ではありません。例えば、東京電力は日本でも有数の大企業ですが、原発事故によって信頼は失墜し、企業イメージも悪くなりました。その結果、現在では、電力自由化の流れもでき、競争下に晒《さら》されています。

東京電力ほど極端ではないにしても、現代の企業は多かれ少なかれ事前の予測やコントロールが困難なリスクを抱えています。したがって、離職率の低さや柔軟な働き方の採用などいくつか目安になる項目はあるにしても、「生き残る企業はどこか」という質問に対して、誠実に回答するのであれば、答えは「分からない」です。

不安定で流動的な現代社会の状況を理解しているからこそ、生き残る企業が知りたい、そして、その会社で生涯にわたって働きたいと願っているのだと思います。でも、よく考えてみてください。終身雇用と言うと聞こえがいいですが、同じ終身でも、終身刑だったらどう感じますか。一生、牢獄に閉じ込められるのは誰しも嫌なので、できれば減刑してくれないかなと思うはずです。

かつての日本の企業は終身雇用を保証するのと引き換えに、長時間労働、休日出勤、あるいは転勤といったように、男性正社員に生活のすべてを仕事につぎ込むような働き方を要求してきました。

若い人の感覚からすれば、そんなブラック企業は辞めればいいと思うかもしれません。しかし、個人の希望よりも会社の都合を優先させるのが「当たり前」なのですから、途中で辞めるような「わがまま」が容易には許されないほど企業の社員に対する拘束は強烈だったのです。こうした状況はバブルが崩壊する１９９０年代の前半までは続いていました。

現在では、勤めている会社がいつまでも存続する保証はなく、しかも、業績が悪くなれば会社は残っても、自分は首を切られてしまう可能性があります。愛社精神は不要です。相手に気がないのに、こちらが一方的にすがりつけば、恋愛と同じで、足元を見られていいように利用されるだけです。

日本の場合、少子高齢化の影響で働き手の不足がすでに始まっていますから、少なくない企業が人手不足に悩み、人材の確保に躍起になっています。わが社は愛社精神ではなく愛社員精神を大切にしていますといったアピールをする会社も出てくるでしょう。そう思ってGoogleで調べたら、実際にすでにありました。間違っています。社員と会社は文字通りのビジネスライクな関係を結んでいくべきです。社員は会社に生活を捧げる必要はないですし、企業は社員の生活にまで踏み込もうとしてはいけません。

男性の人生は、40年間フルタイムで働くことがデフォルトでした。生き残る企業はどこかという考えは、仕事を中心に生活を組み立てていく旧来からの発想そのものです。仕事をないがしろにしていいと言っているのではありません。仕事をあくまで生活の一部として考えることができれば、自分がどのような生活をしたいのかを中心に人生を組み立てることが可能です。人は生きるために働くのであり、働くために生きているのではありません。

男なら夢を追いかけるべきですか

『ミッション：インポッシブル』や『００７』を映画館で観た後で、何か重要な任務でも課せられたような顔つきでロビーの壁によりかかる男性を見かけると、「あなたに与えられた特別なミッションはありませんよ」と思わず声をかけてあげたくなってしまいますね。

男女関係なく、誰でも自分を「特別な人間」だと信じたい気持ちは持っています。娯楽として、映画のような妄想の世界で特別な人間の特別な人生を疑似体験するのは健全なストレス解消法です。仕事が忙しくて映画を観に行く暇なんてないと言っている余裕のない会社員にこそお勧めしたいです。

問題なのは、いずれは卒業していくはずの「自分は特別な人間だ」という幼い空想を、女性よりも男性のほうが大人になってからも引きずる傾向が見られることです。

原因はどこにあるのでしょう。少年時代までさかのぼって考えてみる必要があります。大人たちに、無謀な夢を語るように仕向けられてきた記憶が蘇ってきませんか。「将来の夢は何?」と小学生の男子に訊ねて、地方公務員という答えを期待している大人はいません。一部上場企業の正社員と言っても眉をひそめられてしまうでしょう。スポーツ選手や宇宙飛行士に代表されるように、子どもの頃は、語る夢が壮大で無謀であるほど大人は喜びます。

それに対して、女子の場合には、ケーキ屋さんやお花屋さんといった可愛らしい職業や、保育士や看護師のような人のお世話をする職業を夢として語ることが好まれます。どんな職業であれ簡単にはなれませんが、スポーツ選手や宇宙飛行士と比べれば、女の子の夢は現実にありうる範囲のものです。

男性は小さな頃から、大きな夢を抱くべきだという「煽り」に晒されて生きてきました。しかし、いざ就職という段階になってつきつけられるのは、スポーツ選手はもちろんのこと、かつてはちっぽけな夢だと否定された地方公務員や一部上場企業の正社員でさえ狭き門であるという現実です。仮に、就職活動は上手く乗り切れたとしても、社内の出世レースでは、ほとんどすべての男性が敗れ去っていきます。男性たちは、99％が負けるレースに、男だからという理由だけで参加させられているのです。

最近、日本でも耳にするようになってきましたが、ハリウッド映画や海外ドラマでは、「ミッドライフ・クライシス（中年の危機）」という言葉がよく使われています。男性の問題に引きつけて言うと、中年の危機とは、「普通」の人生を歩んできたアラフォー中年男性が、まさか自分はこのまま「特別な人間」になれないで死んでいくのかと自問自答して悩み、苦しむことです。

「自分の名を後世に残したい」と思い立ち、急に仕事を辞めて小説家や写真家を目指して周囲に迷惑をかけたり、場合によっては精神を病んでしまったりと、「特別な人間」になれなかった中年男性たちが心に負った傷は決して浅いものではありません。ビッグになれという「煽り」は、少年たちにかけられた呪いとも言えます。

「せまい日本　そんなに急いで　どこへ行く」が交通安全年間スローガンに採用されたのは、オイルショックで経済が停滞した１９７３年のことでした。当時の人びとは、無駄な消費をやめて、生活を見直しました。景気が悪いと、人は「鎮め」の重要性に気がつき、冷静さを取り戻せるようです。

現代の日本は、高度経済成長期のように昨日より今日、今日より明日が「豊か」になっていくような社会ではありません。こうした状況を考えても、「煽り」より「鎮め」が重要なのは明らかです。男性学の立場から、「鎮め」が求められる時代を生きる男性たちには、「まずは落ち着いてください」というメッセージを送りたいと思います。「煽り」から「鎮め」へと意識を転換するためには、立ち止まることが必要だからです。

若い男性のみなさんは、「大きな夢」を追いかけるのではなく、中年の危機に備え、時代に適応するために、「煽り」によって不相応に肥大化してしまった虚栄心を「鎮め」なければなりません。逆説的ですが、夢から解放されるために必要なのは、夢を持つことです。僕の定義する「夢」とは「将来の具体的で現実的な目標」のことです。未来をどのように生きるのかについて自分なりに真剣に考え、自分が納得するかどうかを基準として夢を形づくっていくことができれば、「男らしくあれ」という他人からの「煽り」に流されなくなります。ぜひ真面目に自分の夢に向き合ってみてください。

男の価値は年収で決まりますか

年収は数字で表すことができるので、とても分かりやすい評価基準と言えます。年収1000万円の男性が、年収500万円の男性よりも2倍稼いでいるという計算は、小学生にでもできます。こうした使い勝手の良さから、年収が男性を評価する際の基準として話題に上がりやすいのです。

問題なのは、男の価値が稼いでいる金額で決まるという画一的な発想であり、その結果、年収の高低が男性の自尊心と強く結びついてしまっていることです。男性学の立場からすれば、いかにして両者のつながりを解きほぐすかが課題になります。

年収と同様に数字で比較でき、高低が明白な身長や運動能力に対してもコンプレックスを持つ男性は多いと思います。しかし、このようなことは悩む必要はないと、自信を持ってアドバイスできます。学生時代ならまだしも、大人になってからの生活に、身長や運動能力が大きな影響を与えるとは考えられないからです。

しかし、年収は具体的な暮らし向きに関係する以上、本人の気の持ち方次第などと安易なことは言えません。性別にかかわらず、食うや食わずの生活をしていれば単なるお金の問題ではなくなり、精神的にも余裕を失います。男性固有の問題に目を向けると、日本では、まだまだ男性が一家の稼ぎ手という意識が根強く残っています。自分の稼ぎが悪いせいで、家族に「普通」の暮らしをさせられないなんて情けないと、気持ちが塞いでしまうのも分かります。

実際的な観点から考えてみると、共働きが普及して、家計の責任を夫婦で担うようになれば、世帯でいくら収入があるかが重要になります。共働き化を進めていく上で足枷になるのは、男性の見栄です。一昔前であれば、妻に自分以上の収入があることを、快く思わない男性は少なくありませんでした。妻が外で働くのを認めない男性さえいました。こういった価値観は、女性の生き方を縛るだけではなく、男性を仕事一辺倒の生活に追い込むものです。

「女性の活躍」と言うと女性のための政策というイメージが強いかもしれません。しかし、家庭での経済的責任が軽くなるわけですから、男性にとっても大きなメリットがあります。男性だけが自分の稼ぎのせいで家族に迷惑をかけているなどと考えないで済むようになるのです。これから家庭を作っていく男性には、「妻がたくさん稼いでくれるのならばラッキーである」と心の底から思えるような感受性が求められています。

ただし、夫婦で家計責任を分担するようになっても、それだけでは、男性の自尊心と年収の結びつきは解消しない可能性があります。この問題は、男女の関係だけではなく、男性間の上下関係、つまり、男性同士の見栄の張り合いとしての側面を持っているからです。

同世代の平均、高校・大学の同級生、スポーツ選手・芸能人、あるいはもっといい職業に就いていたはずの自分などなど、いろいろでしょうが、女性ではなく常に比較対象は男性です。女性は結婚相手の年収ばかりを気にしているという男性からの愚痴をよく耳にします。年収だけを基準に男性を評価する価値観の背景には、男性同士が競い合って、勝っただの負けただの言っている現実があるのです。男性はこの事実を自覚する必要があります。

男の価値と年収を切り離すためには、仕事を人生の目的とするのではなく、生活費を得る手段として割り切るという考えもありです。大企業か中小企業かという話をした際に、自分の求めている仕事をできる場所があれば、それは幸せなことですが、大切にしたいものが家庭や趣味ならば、仕事にそこまで入れ込む必要はありません。言い方を変えると、年収が高くても、家庭生活や趣味など仕事以外の面では充実していないかもしれませんし、そもそも、やりがいを持って働けているかどうかも分からないのです。

年収1000万円の男性が、年収500万円の男性より、あらゆる角度から見て2倍偉いわけでも、2倍優れているわけでもありません。客観的な事実としては、年収に2倍の差があるだけのことです。仕事中心の人生を歩んでいる男性からすれば、「負け惜しみ」に聞こえることでしょう。こうした狭い視野からは、仕事の外の世界で起きている変化が見えません。先頭集団にいるつもりが、後ろを振り返ると誰もいなかったなんてことになりませんように。

第２章　女性に悩んだって、いいじゃないか

女性との関係をどう考えるか

男性学は男性だけに着目して、議論をしているわけではありません。女性がいるからこそ、男性学は成立します。例えば「男は仕事、女は家庭」というイメージに象徴されていますが、男性の役割は女性の役割との対比で決められているので、男女の関係性は男性学の重要な分析対象です。

役割だけではなく性格についても、男性は「乱暴、不真面目、大雑把」、女性は「やさしい、真面目、細かいことに気がつける」といったかたちで、一般的には、両極端であると大多数がイメージしています。企業が女性を重要な役職に登用して、「女性ならではの視点を期待する」と言う場合には、男性にはない繊細さや気づかいを期待しているということを意味します。

男女の関係について議論する際の前提として、日本では、一般的に男性よりも女性のほうが不利な場面が多いということを理解しておく必要があります。最近、議論が盛んな夫婦別姓を例に考えてみましょう。

日本では、結婚すると、ほとんどのカップルは夫の姓に合わせます。職場で旧姓の使用が認められていない場合、外部からの電話や来客の際にとても不便です。名前は苗字に合わせてつけられているので、結婚で違和感のある組み合わせになってしまうこともあります。マキさんがハラさんと結婚すれば、「ハラマキ」さんの誕生です。

問題の根本は、さまざまな弊害があるにもかかわらず、無条件に女性が男性に合わせるのが「普通」になってしまっていることです。世の男性の多くは、自分が別姓になるなどありえもしないことと思っています。合わせてもらう側の男性の多くは女性の不利益について考えたことすらなく、夫婦同姓で何か問題があるのかという程度の認識しか持てないのです。

この章では恋愛や結婚といったプライベートな領域に焦点を当てて、どのようにすれば女性といい関係が築けるのかを考えていきます。

どうすればモテますか

モテないという悩みは、若い男性につきものです。まず女性と知り合いになる機会がそれほどあるわけではないですし、出会えたとしてもデートにこぎ着けるまでに一苦労です。ようやくデートの約束をしても、当日になって行けなくなったと言われることもあります。

僕も人生で計3人の女性から当日キャンセルの連絡を受け、全員がまた今度と言ったのに、二度と会う機会はありませんでした。ですから、みなさんの気持ちは痛いほど分かるつもりです。しかし、どうすればモテるかという発想では、つき合うことがゴールになってしまいます。女性といい関係を築いていけるかとても心配です。

以前、電車に乗っていた時、正面の席に老夫婦が座っていました。二人はまったく会話をせず、ずっと無言のままです。だいたい30分ぐらいだったでしょうか。このぐらいの年齢になるともう話題がないのだろうなと思って眺めていたのですが、ふと、おじいさんがおばあさんに「寒くない？」と声をかけました。おばあさんはおじいさんに「うん」とだけ言いました。電車の窓が少しだけ開いていたのです。もしかしたら、おばあさんが寒いのではないかとずっと気になっていたのでしょう。

僕は自分の浅はかな考えが恥ずかしくなりました。おじいさんの言葉は静かながらも温かく、おばあさんの受け答えは簡潔ですが、安心感に満ちていました。若いカップルの場合、自分たちの関係が「確かなもの」であるという自信を持てないので、沈黙が続くとすぐに気まずい空気が流れてしまいます。しかし、長い間つれ添ってきた二人は、言葉など交わさなくてもお互いを配慮できるだけの信頼関係を築いていたのです。

若いカップルの失敗例を見てみましょう。以前、カフェでくつろいでいた時のことです。つき合いたてだと思われる学生のカップルが隣の席に座っていました。二人はいちゃつきながら、何をしたら浮気かを箇条書きにしています。ついには、彼女から「女の子と二人でいたら浮気」というルールが提案され、彼氏はニヤニヤしながら「しょうがないなあ」と受け入れていました。たくさんのルールを決めることで、まだ浅い二人の絆を補おうとしているのです。おそらくこのカップルはすぐに別れたと思います。いえ断言します。すぐ別れました。決まり事が増えるほど、違反は多くなってしまうからです。

「女の子と二人でいたら浮気」だとすれば、帰りの電車でたまたま同じ大学の女友達に会ってしまったらどうするのでしょうか。「浮気になっちゃうから近づかないで！」と女友達に言うわけにはいきません。結局、二人で帰ることになります。はやくもルール違反です。しかも、この裏切り行為を彼女には報告しないはずなので、秘密を作ることにもなります。幸せになるために作ったルールは、彼らの意図とはまったく逆に、二人の関係を悪くしてしまうのです。

とりわけ結婚を意識するような年齢であれば、特別な誰かに出会いたいと思うのは当然です。しかし、誰でも初めから特別な二人というわけではありません。老夫婦のエピソードから分かるように、長い年月をかけて、一組のカップルは特別な関係になっていくのです。したがって、大人になってからの恋愛では、どうやっていい関係を築いていくかを考えなければならないのです。

特別な関係を築いていくとか悠長なことを言っている間にも、女性を次々に口説くような男性がいい思いをしているんだとお怒りの方がいるかもしれません。確かに、手当たり次第に近づいて、たくさんの女性とセックスすることに執着する男性もいます。

しかし、女性をモノのように扱い、ゲーム感覚で次々と浅い関係を繰り返す男性が本当にうらやましいですか。そもそも、女性への強引なアプローチはセクハラと紙一重、場合によってはセクハラそのものです。当の男性たちにしたところで、アルコールやニコチンと同様の中毒と考えれば、彼らの行動は病的であるとさえ言えます。彼らも助けてあげたい。

強引にアプローチしてくる男性が好きな女性はいますが、その一方で、思慮深く物静かな男性に対して魅力を感じる女性もいるわけです。そうした現実に目を向けず、ひと括りにして決めつけをしているようでは、女性から信頼してもらえなくても当然です。焦る必要はありません。まずは自分がどのような恋愛をしたいのかをしっかり考えましょう。

恋人がいないのは変ですか

若者は恋愛に興味を持つべきだという圧力は、確かに強いものがあります。ドラマ、映画、そして音楽と、世の中は若者の恋愛をテーマにした作品で溢れかえっています。メディアだけではありません。中高生の恋愛に反対する親はいますが、逆に、大学生以上になると恋人がいないほうが心配されます。「彼女できた?」「クリスマスなのにどこにも出かけないの?」などと実際に親から聞かれた経験がある人もいるでしょう。

「普通」の大人は恋愛するものだと、これだけプレッシャーをかけられているわけです。その上、30歳前後になれば、世間では結婚適齢期とされる年齢になっています。「まだ結婚しないの?」と言われかねない状況で、結婚の前提である恋愛さえ始まっていないとすれば焦るのは当然です。

若者に対する「恋愛をしろ」という重圧について授業で話したところ、その日のコメントペーパーに、ボーカロイドの初音ミクが歌う「リア充爆発しろ！」（作詞・灯下はこ、／作曲・KAZU－k）を聴いてみてくださいと書いてきた学生がいました。歌の内容は、電車でいちゃついているカップル、それから、夏の浜辺でわいわいやっている男女のグループ、みんな爆発して吹き飛んでしまえ、というものです。

芸能人のラブソングは恋愛を称賛するばかりでつまらないし、リアリティを感じない。ネットでは若者自身が発信者であるため、若者が本当に聴きたい歌詞がダイレクトに表現されているのではないかというのが学生の意見でした。

確かに、西野カナさんが「リア充爆発しろ！」を歌うのは無理です。そして、この歌を聴いて、恋愛に夢中で周りが見えていない男女を疎ましく思っていた若者はスッキリするでしょう。上の世代が押し付けてくる価値観に共感できない若者が、マスメディアからネットへと移行している流れをよく表しているとも思いました。

ただ、もちろんネタとして作られているわけですが、それをふまえても、恋愛が良いものであるという価値観を前提にして歌詞が成り立っていて、妬みが感じられるのも、また事実です。

恋愛は良いものだとする価値観から抜け出せないと、普段は気にしていなくても、恋人とすごす日としての地位を確立している誕生日やクリスマスがやってくれば、嫌でも恋愛を意識させられてしまいます。

30歳を過ぎてから数年の間、僕には恋人がいませんでした。結婚する友人も増えていましたので、焦りを感じていなかったわけではありません。ある年の誕生日、せめて自分で自分をお祝いしようと、ごちそうとケーキを用意して一人誕生日会を開きました。

部屋の電気を消し、ろうそくの火に息を吹きかけようとした瞬間に、僕は思いました。「よし、今日死のう」と。それまでの毎日と同じようにサバの味噌煮でも食べてすごせばよかったのに、わざわざ特別な日にしようとしたから惨めな気持ちになってしまったのです。特に一人暮らしの方は、誕生日やクリスマスがやって来た夜は気を確かに持ってください。

恋愛はしたいけれど、いい人がいないとか出会いがないという話をよく聞きます。この夕イプの人は、自分が恋人を作る上で細かく条件を設定しすぎていないかチェックしてみましょう。ほとんどの場合、いい人がいないとは、「色白・年下・料理上手」のように、自分が勝手に決めたフレームに一致する女性がいないという意味だからです。

職場や趣味の仲間、あるいは高校・大学の同級生の中に自分と合う人はいませんか。スマホのアドレス帳を見てください。自分では気がつかなくても、傍《はた》から見るとお似合いのカップルはけっこういます。頭の中の妄想の女性に執着するのではなく、「お似合いじゃない？」という周りのアドバイスに素直に耳を傾けてみるべきです。

もちろん、中には恋愛に興味がない男性がいます。恋愛は義務ではありません。恋人がいないからといって、人より劣っているわけでもありません。フリーだからこそできる生活を楽しんでください。さらに言うと、性に興味がない男性もいます。かなりの少数派で、まだ社会の理解は進んでいませんが、性への無関心は一つの個性として尊重されるべきものです。一人で抱えるのが重荷ならば、信頼できる人にだけ悩みを打ち明けるのもいいでしょう。

相手を選ばなければ結婚できますよね

さきほど恋愛について、条件をつけすぎて視野を狭くしないようにとアドバイスしました。当然これは結婚にも当てはまります。結婚したいにもかかわらず、すでに知り合いの中にいる自分にふさわしい相手を見逃してしまっているとすれば、実にもったいないと思います。人は意外に自分自身のことを知りません。大切なことなので繰り返しますが、周囲の「お似合いだよ」という意見に耳を傾けましょう。

ただ、誰でもいいから結婚したいという考え方には賛成できません。理由は3つあります。まず単純に、女性にすごく失礼です。「誰でもいいからとにかく結婚がしたいんだけど、結婚してくれる？」と女性から聞かれたら、みなさんはどう思いますか。当然、もう少し自分を特別視して欲しいと思いますよね。自分がやられて嫌なことは相手にしないというのは、幼稚園や小学校で習う人間関係の基本です。結婚後、浮気をしそうになった時などにも、ぜひ思い出してください。

大人になって振り返ってみると、子ども時代に大切なことを教わっているものです。小学校の先生がよく「会話はキャッチボールである」と言っていましたが、社会学的な見地から見ても、これはよくできたたとえです。コミュニケーションは、自分がどのような意味で言葉を発したかだけではなく、相手がその言葉をどのように受け取ったかまで含めて捉える必要があります。

結婚を意識するような関係では、信頼を積み重ねていくことが大切です。したがって、自分が何を伝えたいかだけを考えていてはダメです。相手が自分の言葉をどのように理解したかを意識して、初めてよい関係は築けます。コミュニケーションは、次章で会社内での問題を考える際にも大切な視点なので、受け手の存在という基本原則をしっかり押さえておきましょう。

次に、そもそも、男性は女性よりも数が多いという現実を知っておく必要があります。男性の場合、仮に相手を選ばなくても、絶対に一定数は余ります。それも１００人や２００人ではありません。20代後半では「男性の数」引く「女性の数」は、おおよそ12万人にのぼります。もがいてもあがいても12万人の男性は余るのです。

まさか!?　と思ったのではないでしょうか。一般的に、男女の数はだいたい同じぐらいだと信じられています。だから、相手を選ばなければ結婚できるはずだと考えてしまいます。しかし、そのイメージは間違いであり、12万人の男性が余るのが現実です。

ここまで読み進めて、どうして「普通」や「当たり前」を信じてはいけないのだと疑問を持った方もいるはずです。男女の数の例からも分かるように、「普通」や「当たり前」は現実ではなく頭の中にあるイメージにすぎません。しかし、多くの人はイメージを現実だと信じて行動しています。現実が見えていないから、相手を選ばなければ結婚できるはずだと思い込むようなミスをおかしてしまうわけです。

社会学者のエミール・デュルケムは、「社会的事実を物のように考察せよ」と言いました。「普通」や「当たり前」を疑うことは、それ自体が知的な発見があって、おもしろいものです。より重要なのは、疑うことが社会的事実を物のように考察する、つまり現実に近づくための第一歩となるということです。イメージに振り回されずに生きていくには、感情や思い込みから離れて客観的に現実を見極める必要があります。その意味で、社会学をはじめとした社会科学は、みなさんの生活に大いに役立つと言えます。

最後に指摘しておきたいのが、誰でもいいから結婚したいという発想の安直さです。この考えの裏には、結婚すれば何とかなるという思い込みがあります。これまでの人生を振り返ってみてください。受験生だった頃、合格さえすれば何とかなると思っていませんでしたか。現実の学生生活はどうだったでしょう。就活中は内定さえもらえれば何とかなると考えたかもしれません。いまみなさんは働き始めているので、結果は分かっているはずです。結婚も同じです。結婚もしただけでは何ともなりません。

結婚はゴールではなくスタートです。結婚して幸せになれるかどうかは、自分たちがどのような関係を築いていけるか次第です。誰でもいいなどと言わないで、この人とだったら真剣に向き合っていけそうだと思える相手を探してみてください。

低収入の男性は結婚できないって本当ですか

婚活という言葉が「結婚したければ積極的に行動しろ」と独身の男女を「煽り」はじめた頃から、年収の高い男性ほど結婚していて、年収の低い男性は結婚できないというデータがメディアを通じて紹介されるようになりました。確かに、統計的には、年収が高くなるほど、既婚の男性は多くなります。そして、結婚の意思について調査をすると、正社員よりも非正社員の男性のほうが消極的なのも事実です。

正社員の年収が下がり、非正社員も増えた日本社会では現実的ではないのですが、男性は学校を卒業後すぐに正社員として働き、家族を養い守っていくというイメージは残り続けています。そのため、女性は経済的な大黒柱になれない男性を選ばず、収入の低い男性も男としての自信を喪失して結婚願望がなくなってしまう。要するに、年収の低い男性は女性からモテない。「普通」とされる恋愛観・結婚観と一致しているので、とても分かりやすい説明だと思うかもしれません。

しかし、この議論はあるデータの存在を隠しています。20〜30歳代の男性では、だいたいどの年収でも、「既婚」と「恋人あり」を足した割合は50％以上の数字になっているのです。したがって、年収の低い男性は独身かもしれませんが、年収の高い男性と比べて極端にモテないわけではありません。女性は男性の年収を気にして恋愛をするというのは、一部の女性には当てはまるかもしれませんが、全体としては単なる偏見であることが分かります。

お互いに恋人同士のままのほうが気楽だと考えているのであれば、無理に結婚を急ぐ必要はありません。問題なのは、結婚の意思があるにもかかわらず男性の年収が低いゆえに、本人たちが二の足を踏んでしまうケースです。どうすればいいのでしょうか。

結婚をためらっているカップルにとって、資金不足は最大の悩みです。『ゼクシィ』のホームページに、〈「結婚のお金」基礎知識〉という項目があります。さまざまな費用の平均が載っているので参考にしてみましょう。これによれば、挙式・披露宴333・7万円、婚約関連の費用160万円、式後にかかる費用70万円、結婚式でその他にかかる費用10万円、新生活にかかる費用78万円ということです。合計してみると651・7万円になりました。

「普通」に結婚をするために、これだけの費用がかかってしまうとすれば、恋愛は可能でも、お金の問題で結婚までには至らないケースがあるのは無理もありません。ただ、注意する必要があるのは、例えば、挙式・披露宴の平均は、あくまで挙式・披露宴をした人たちの平均だということです。やらなければ、0円で済みます。『ゼクシィ』には、ぜひ挙式も披露宴もしなかったカップルを含めた平均を算出してもらえると嬉しいです。

日本では結婚すること自体はとても簡単です。法的に結婚が認められるためには、婚姻届を役所に提出すればいいだけです。結婚式、新婚旅行、婚約指輪、結婚指輪はいずれもオプションです。

結婚する意思のあるカップルには、ブライダル産業の「煽り」に乗せられないで、自分たちなりの祝い方を考えることをお勧めします。国や地方自治体は、若者に結婚して欲しいのであれば、この当たり前の事実をもっと徹底的に周知するべきです。広報費以外に予算もかかりません。

結婚が輝いて見えたのは、昔は「男は仕事、女は家庭」が「普通」の社会だったからです。完全分業体制ですから、結婚が生活の前提です。必然的に、結婚を中心に将来設計をすることになります。経済状況も女性の仕事に対する意識も変化した現代の日本社会において、結婚は言わば力の衰えた元スター選手です。野球でもサッカーでも、気を使って元スター選手をスタメンで使い続ければ、チームバランスが崩れます。同じように、結婚を中心に人生を組み立てるのは無理があるのです。

現状の結婚制度では、「異性愛のカップルと子ども」という組み合わせの家族を持てる人だけが「幸せ」を実感できる、という社会通念が浸透しています。未婚や離婚、あるいは不妊を「不幸」と見なしたり、同性愛を「不自然」だと差別したりすることで成立しているのです。現在の結婚制度には引退してもらって、未来の社会のために、多様性を前提とする新しい家族のあり方を考える時期が来ています。

女性をリードできないとダメですか

学生からこんな相談を受けたことがあります。「コンビニの女性店員さんが、僕にだけ手を包み込んでお釣りをくれるんです。彼女は僕のことが好きなんですかね」。一読すれば分かるように勘違いです。

話を続けます。男性学の講演のため、博多行きの飛行機に乗っていると、僕のことをチラチラと見てくる若い女性の客室乗務員がいました。40歳になった僕ですが、正直、まだまだイケるなと思いましたよ。その数日後、たまたま卒業生に会いまして、「○○ちゃんから、飛行機で田中先生にジュースの提供したんだってLINEが来たんですよ」と報告され、事の真相を知ることになりました。教え子が航空会社に就職して客室乗務員として働いていただけのことだったのです……。どうして、男性は女性が自分に気があると簡単に思ってしまうのでしょうか。

こうした疑問に対して、「それは男はみんなバカだからです」と断言して、笑いを取るような風潮が見られます。その場に女性しかいないのであれば冗談で済ませられるでしょう。男性に対する日頃の鬱憤を晴らすのも悪くありません。しかし、すべての男性はバカだと言っているのですから、男性の耳に入ってしまう状況なら男性に対するハラスメントです。一部の男性はバカであると、訂正してもらう必要があります。もっとも問題なのは、バカだからで済ませてしまうと、なぜ男性は勘違いをするのかについて、それ以上、考えを深めるチャンスを逃してしまいます。

恋愛にかぎらず、職場や日常生活の中でも、基本的に「男はリードする側、女はリードされる側」とされています。したがって、やさしく気遣いができる男子に対する褒め言葉だった草食系男子が、消極的だという理由でいつの間にか悪い意味に変化してしまっていたり、若者の性体験率が下がっているというニュースが流れると、「絶食系男子」という言葉が広まったりします。

現実には消極的な男性も、積極的な女性もいるにもかかわらず、「男はリードする側、女はリードされる側」というイメージに沿って恋愛は展開していきます。こうした関係性が前提になっている以上、ほとんどの男性は女性からのアプローチを期待することはできません。好きな人ができたら、二人の距離を縮めるために男性が積極的な行動を取らなければならないのです。

とりたてて恋愛経験が豊富ではない一般の男性は、とっておきのデートコースを最初の2～3回で使い果たしてしまいます。必死に情報収集したのに、「だんだんデートがしょぼくなってきた」などと女性から文句を言われたら、つらくて涙が出てしまいそうです。しかし、自分を好きになってもらうためには、ここでくじけてはいけません。デートを重ね、そろそろつき合えそうだという手ごたえを感じた段階で、男性から女性に告白をします。しかし、いくら頑張ってきたとしても、一定の割合で断られます。

これだけの努力を積み重ねても報われない可能性があるのですから、できれば見込みがありそうな女性にアプローチをしたいと願うのが人情というものです。だから、女性にモテる一部の男性を除いて、多くの男性は女性のちょっとした好意も見逃してはならないと常に神経を研ぎ澄まし、その結果、傍から見たらありえないレベルの勘違いをするようになってしまうのです。

おいおい「向こうにも気があった」などと戯言《たわごと》を言うセクハラおやじに逃げ道を与えるつもりかと怒られそうですが、セクハラのような女性に対する迷惑行為は別次元の問題です。次の章でゆっくり考えます。

「男はリードする側／女はリードされる側」というルールは、男性に女性をリードするべきとプレッシャーを与えます。同時に、リードしたい女性にブレーキをかけます。この先の社会で、男女が対等な関係を築いていくのであれば、このルールは解消するべきです。こうした観点から見れば、女性をリードできないとダメなどということはなく、むしろ新しい男女の関係の可能性を感じさせます。

社会的に「普通」とされているルールを個々人の力で変えるのは難しいですし、時間もかかります。しかし、二人の関係をどのようなものにするかは、自分たちで決めて、形作っていくものです。デートプランも無理に一人で考えるのではなく、女性の意見を聴いてみてはいかがでしょうか。「普通」から離れることで、得られる自由を実感できるはずです。

女は主婦になるのが幸せですよね

働いている男性からすると、専業主婦が幸せに見えるのかもしれません。とは言え、じゃあ自分が仕事を辞めて主夫になるかと言われれば、きっと話は別のはずです。阿部寛さんが主夫を演じたテレビドラマ『アットホーム・ダッド』が放送されたのは、２００４年のことでした。それから10年以上が経過して、ようやく主夫という言葉が一般にも広まりつつあります。しかし、それでもまだまだマイナーな存在です。年長世代を中心に、主夫を認めないという意見も根強くあります。現代の日本で、主婦のように男性が家庭での仕事に専念するのは勇気がいる決断です。

一方、フルタイムで働く女性は増えましたが、とりわけ、小さなお子さんがいる家庭では、イメージ上でも、数の上でも主婦はメジャーな存在です。世間体を意識せずに会社を辞められるのですから、女性の幸せは主婦になることだと言いたくなる気持ちも少しは理解できます。

でも、ちょっと考えてみてください。主婦が会社に行かなくても生活できるのは、夫が会社員として働いているからです。女性の立場からすれば、主婦になるとは、自分でお金を稼ぐ機会を失うことに直結します。つまり、経済的な面では、一人で暮らしていけなくなってしまうのです。もし自分が同じ立場だったら怖いとは思いませんか。

お金だけの問題ではありません。会社を辞めてしまうと、せっかく積み重ねてきたキャリアを失うことにもなります。子育てが落ち着いてから働くと言っても、元の仕事に戻るのは厳しく、幸いにして復帰できても、数年のブランクがあるわけですから仕事勘を取り戻すには時間がかかります。女は主婦になるのが幸せだとか、女は逃げ道があっていいとか安易に言うのはやめましょう。

勘違いしないで欲しいのですが、働く女性が偉く、主婦は駄目だと言いたいわけではありません。男性学の目的は、「性別にとらわれない多様な生き方の実現」なので、日本の経済状況を考えると共働きのほうが収入面で安心ですが、こうしたリスクを承知の上で、夫婦で話し合って役割を分担すると決めたのであれば、それでいいと思います。ただし、主婦がいるならば、男性が会社を辞めて主夫になることも認められるべきだというのが男性学のスタンスです。

主夫がいてもいいと言うのは簡単ですが、男性が働かない状態を受け入れるのはとても難しいことです。タレントであり、エッセイストとしても活躍している小島慶子さんは、夫が47歳で仕事を辞めるという経験をされています。僕は何度か対談させていただきましたが、小島さんは「普通」にとらわれない柔軟で独自の視点を持った方です。テレビやラジオで、あるいはエッセイを読んで、同じ印象を持っている方は少なくないでしょう。

その小島さんでさえ、無収入で肩書もない夫をどのように扱っていいか分からず、不安になったと著書の中で当時の心境を振り返っています。自分だけが稼ぎ手になり、夫や息子に「これ、買ってあげる」と言いたくなったことさえあるそうです。

男が働くということ、そして稼いでいるほうが偉いという価値観がいかに社会に根差した「常識」であるかが分かるエピソードです。ただ、小島さんは夫婦関係の変化に葛藤しながらも、夫は主夫になったわけではないという結論にたどり着きます。仕事を辞めて何になったのかと肩書を聞かずにはいられない世間がおかしいと疑問を呈し、これまでは働きながら家事もしていたけれど、いまは仕事をしなくなったのだから単に無職でいいと言うのです。

ちなみに、主夫を認めるというレベルを飛び越えて、無職の男性を受け入れた小島さんは、一家でオーストラリアに移住して暮らしています。タレントでお金持ちだからできると邪推したくなるかもしれませんが、二人のお子さんの中学から大学までの学費、それに海外研修や英語の家庭教師代などを考えると、オーストラリアの公立学校に通わせて贅沢をしなければ、暮らしていけると計算して決断したそうです。

一般的に考えてそこまでお金の面で非現実的な話ではありませんし、英語を習得する環境としては、オーストラリアと日本では比較にならないのは明白です。自分の中にある「普通」を取り出し、外から眺めて、その価値を疑ってみることは自由な人生への近道なのです。

共働きを続けるのは無理がありませんか

都市部に電車で通勤していれば分かると思いますが、朝も夜も、ラッシュ時のターミナル駅は混んでいるだけではなく、疲れきった人たち独特のイラついた雰囲気が充満していります。駅の構内に「暴力は犯罪です」と書かれたポスターが貼られているのは、そうした啓発が必要な実状も含めて、異様な光景です。暴力は極端な例だとしても、長時間労働による疲労の蓄積が、電車を利用する人々の心の余裕を失わせていることは間違いありません。

家に帰ると「風呂、飯、寝る」と言う余力しかない。こんな昭和のサラリーマンみたいな人間が家に2人もいると思ったら、想像するだけで恐ろしくなります。確かに、これでは共働きが続くはずもありません。

つい先日、人生で初めてぎっくり腰になりました。40歳にもなればこうした症状が出てくるのも仕方がないのかなとは思いますが、やはり体にガタがくるのは寂しいものです。みなさんにもいずれ分かる日が来るでしょう。その日は夜から町田で市民大学の仕事があったので、とにかく出かけました。

講座では、60代の男性が、裁縫や料理が大好きで幼い頃から「男らしさ」には違和感があったと語ってくれたり、80代の男性が、僕らの時代は「男は仕事、女は家庭」だったけど、もうそういうのは古いと思うんだよねと発言してくれたりしたこともあって、和気あいあいとした雰囲気で大いに盛り上がりました。大学で講義する時も同じですが、教員の仕事のいいところは、その場で自分のやった仕事の成果が見られることです。歩くのも大変なぐらいでしたが、来てよかったという充実した気持ちで帰宅の途につきました。

夜10時の新宿駅は残業帰りの会社員で溢れかえり、大変な混雑です。何とか手すりにつかまって階段を上っていると、上りの矢印がついているにもかかわらず、人を蹴散らしながら50代ぐらいの男性が下りてきます。その男性が僕の目の前までやって来ました。避けようにも手すりにつかまらないと歩けないのですから、どうしようもありません。

一方、男性も道を譲ってくれる気はまったくないようです。5秒ぐらいの沈黙を経て、仕方がないので、「すみません」と声をかけてから、この男性の肩につかまって迂回《うかい》しました。僕の腰の状態など知らないので、舐《な》められたと思ったのでしょう。男性はかなりご立腹の様子で、手すりをつかまりながら一生懸命に階段を上る僕に向かってずっと怒鳴り散らしていました。

ちょうど町田市の講座では、町田駅で男性がホームから突き落とされた事件の話をしていました。肩がぶつかったことをきっかけに口論になり、体当たりでホームに突き落とすところまでエスカレートしてしまったのです。事件の翌日には40代の男性が、殺人未遂の容疑で逮捕されています。混雑する駅で肩がぶつかったり、足を踏まれたりしても、お互いに「すみません」「いえこちらこそ」と言えばいいだけです。男として、暴力で相手を黙らせることが勝ちではありませんし、謝って引き下がったら負けでもありません。

共働き化を進めるために、政府や企業は、女性が仕事を続けやすい環境を作る義務があります。加えて、女性も働く以上、男性が家事や育児に使える時間を増やさなければなりません。女性が働くことによって、家庭をないがしろにする人口が倍になるのであれば、社会は崩壊します。男性の働き方の改善は、政府はもちろん、企業の社会的責任でもあります。

共働き夫婦は、自分たちで主体的に仕事と家庭をどう両立させるかを考える必要がありま す。ここでまた小島慶子さんにご登場いただきましょう。彼女にお会いした時には、僕の妻が妊娠中で、我が家はもうすぐ3人家族になるところでした。子育ての先輩として、子どもがいると仕事と家庭というこれまで比べなかったものを比較して、優先順位をつけなければならなくなるとアドバイスをしてくれました。確かに、どれだけ大事なプレゼンがあっても、目の前で熱を出している子どもがいれば、仕事と家庭のどちらが大切かなんて決められないなどと言っている場合ではありません。決断が求められます。

小島さんの言葉で、子どもの有無にかかわらず、共働き夫婦に必要なのは仕事と家庭のバランスではないと気がつきました。共働き夫婦が抱えているのは、仕事と家庭のどちらを前提にしても出口がない問題です。生活という一つ上の視点から仕事と家庭を眺める必要があります。夫婦で自分たちがどのような生活をしたいのかビジョンを共有して、やるべきことをそこから俯瞰《ふかん》してみてください。そうすれば、自分たちが何を優先すればいいのかは決まります。

産後クライシスって何ですか

産後クライシスとは、「出産から子どもが2歳ぐらいまでの間に、夫婦の愛情が急速に冷え込む現象」のことです。2012年に、NHKの情報番組『あさイチ』で特集され、2013年には、制作に関わった記者とディレクターが、『産後クライシス』というタイトルの本を出版しています。二人はそれぞれ1児の母と2児の父で、産後クライシスの経験者でもあるそうです。

書籍では、産後クライシスが注目されるようになった背景として、若い子育て世代の価値観の変化が指摘されています。かつては「夫婦の愛情が急速に冷え込む現象」があっても、「普通」の夫婦関係とはそんなものだと済まされてきました。現代の子育て世代は、愛し合ってこそ夫婦だと考えているので、「夫婦の愛情が急速に冷え込む現象」を「危機」として認識するようになったというわけです。同じ現象でも、視点が違えば別の解釈になります。

2015年には、産後の離婚危機を描いたテレビドラマ『残念な夫。』が放送されました。玉木宏さん演じる陽一は、真面目で優秀な会社員です。一昔前なら働いてさえいれば、十分に「普通」の夫だったでしょう。現在では、仕事をしっかりやっていても、産前産後の妻の体調の変化に気づかなかったり、育児に無関心だったりする夫は「残念」と表現されるのです。

『残念な夫。』のプロデューサー小原一隆さんとは、対談させていただいたことがあり、その際、「残念」という言葉を選んだ理由を伺いました。小原さんは、産後に訪れる夫婦の危機の背景には、夫の妻に対する鈍感さがあるのではないかと感じていて、女性目線で男性の行動や態度の何が「残念」で何が「残念ではない」のかを視聴者に見せたいと考えたそうです。ちなみに、『残念な夫。』の制作に関わるメンバーも、プロデューサーだけでなく監督も脚本家も子育て中で、産後を経験しているチームにこだわったそうです。

『あさイチ』の特集にもドラマにも、子育ては大変だけれどやりがいがあるという共通したメッセージが込められています。小原さんは、「企画の根底には、子育てにはいろいろな問題がつきものだけど、基本的には楽しくて素晴らしいものだという思いがある」とおっしゃっています。

メディアを通して子育ての先輩から、育児は楽しいけれど苦労もある、苦労もあるけど楽しいというバランスの取れた意見を受け取れる時代になったのは幸運だと言えます。産後の現実に向き合うためには、「子どもを授かれて幸せ」や「子育ては楽しい」といった一面的なイメージから抜け出すことが必要です。

その上で、どうして男性は妊娠や子育ての問題に鈍感なのかを考えてみなくてはなりません。女性しか子どもを産むことができない。これは事実です。だから、女性に子どもの問題は任せておけばいい。これは、男は「働いてさえいればいい」という視点から出てくる解釈です。こうした発想では、男性にとって妊娠も出産も他人事になってしまいます。男性が仕事を中心に生活を組み立てていくかぎり、産前産後の妻の体調や子育てを自分の問題として考えられない「残念な夫」のままなのです。

産後クライシスは産後に焦点を当てた言葉ですが、妻の妊娠を経験している身としては、危機は産前から始まるのではないかと実感しています。まず、妊娠初期のつわりです。体のダルさや吐き気に悩まされながら、女性はこれからの長い妊娠生活を考えることになります。そんな妻の姿を見ていたら、自分だけが元気という気まずさと子どもができるプレッシャーもあってか、僕もつわりのようになって、寝込みました。中期になると、妻は何を食べてもおいしくないと言っていました。一方、僕は何を食べてもおいしいので申し訳なく思いました。それ以降も、妻はお腹が大きくなることで腰痛に悩まされ、ホルモンバランスの変化で不眠になりと次々と降りかかる困難に悩まされます。こうした妊娠の大変さに少しも理解を示さない夫を、妻は愛せるはずがありません。

女性しか子どもを産むことができない。だから、男性の自分はできるかぎりのサポートをするべきだと思いました。運動不足解消のため二人で散歩、寝る前にはマッサージ、外出を控えて万が一の事態に備える。これしかできないのかとじれったい思いです。男性学を専門にしていたから、自然とこうした発想になれたのだと思います。しかし、忙しく働いている会社員の方でも、妊娠中の奥様をしっかり見ていれば、自分が何をすべきかは必ず分かります。産前から備えておけば、産後クライシスを恐れる必要はありません。

イクメンは理想の父親像ですよね

父親になっても男性が仕事中心の生活をしてしまう理由はいくつかあります。個々の男性の心理に焦点を当てると、男性たちが「働いてさえいればいいという意識」を持っているからだと考えられます。イクメンという言葉の功績は、仕事をしてお金を稼いでくることだけが、父親の家庭での役割ではないと主張した点です。

イクメンが理想の父親像として認識されたことは、育児に積極的に関わりたいと思っていた父親たちを勇気づけました。週末の公園に行けば、子どもと一緒に遊ぶお父さんの姿を見ることができます。幼稚園や保育園の送迎をする男性は珍しくなくなりました。立ち会い出産も一般的になっています。現代の日本では、昭和とはまったく違う父親たちの姿が見られるのです。

2010年に、イクメンが流行語大賞のトップテン入りし、その後、しばらくの間、この言葉の広がりは父親たちにとっていい影響が目立っていました。しかし、実際には、いくつか問題が生じています。

一つは、イクメンという理想の父親像が、プレッシャーになってしまっていることです。高い理想を掲げることで、現実とのギャップを埋めようと頑張れる人たちがいます。その一方で、理想と現実のギャップで苦しくなってしまう人もいるのです。僕の担当する父親向けの市民講座では、「仕事と家庭を両立できないのですが、どうすればいいですか」と切羽詰まった表情で質問する父親が必ずいます。

この点についてつけ加えておくと、本来、イクメンを広めるために尽力した人たちは、「仕事と家庭を両立しようよ！」と明るく呼びかけていたはずですが、一般的に使用されているうちに、「仕事と家庭を両立すべきだ！」に変質してしまいました。さらに、育児に参加しない父親たちを見下すような風潮も見られます。育児は競争ではありませんし、子どもは自分の見栄のための道具ではありません。

より深刻な事態として、父親が「働いてさえいればいいという意識」から抜け出しても、目の前には「働くしかない現実」が広がっているという問題があります。「働くしかない現実」を支えている要因は、家のローンや子どもの養育費、男性の育児に理解がない上司、残業が当たり前の企業風土などなど、あげればきりがありません。「働くしかない現実」に対する絶望感は、イクメンに目覚めてしまったからこその苦しみです。

育児だけではなく家事も含めて、家庭に関する議論では、しばしば男性は意識を変えるべきと指摘されます。確かに、「働いてさえいればいいという意識」は、多くの男性の内側にあります。考え直す必要があるでしょう。しかし、「働くしかない現実」は、男性の外側に存在しています。個々人の意識を変えるぐらいでは、とても「働くしかない現実」に太刀打ちできません。

イクメンという言葉は、男性の「働いてさえいればいいという意識」を浮かび上がらせ、育児を頑張りたいと思う父親を励ましました。すでに、十分に役割を果たしたと言えます。状況を変えるためには、新しい切り口で「働くしかない現実」に迫る必要があります。

そこで注目したい言葉が、「イクボス」です。ＮＰＯ法人ファザーリング・ジャパンが展開しているイクボスプロジェクトのホームページによれば、『イクボス』とは、職場で共に働く部下・スタッフのワークライフバランスを考え、その人のキャリアと人生を応援しながら、組織の業績も結果を出しつつ、自らも仕事と私生活を楽しむことができる上司」ということです。高すぎる理想に苦しむボスが続発するのではないかと、ちょっと心配になります。しかし、上司の協力が「働くしかない現実」を変えるために不可欠であることは間違いありません。先輩たちに汗をかいてもらいましょう。

ファザーリング・ジャパンは、イクボスの理念に共感する企業を集め、イクボス企業同盟を作っています。みずほフィナンシャルグループや全日本空輸といった伝統のある企業、多様な働き方を可能にする制度を採用して注目されているサイボウズのような企業、こうした幅広い企業が参加しているので、社会に大きな影響を与えることが期待できます。

子育て中の夫婦が抱える問題は、夫と妻が仕事から家事・育児まで完璧にこなせる超人でもないかぎり、自分たちだけで解決するのは不可能です。家族の問題はもっと社会に開いていくべきなのです。イクメンを理想の父親として追求する必要はありません。

第３章　会社に怒ったって、いいじゃないか

職場の権力問題を考える

「やられたらやり返す！　倍返しだ！」

2013年に大ヒットしたテレビドラマ『半沢直樹』で、銀行に勤める融資課長の主人公が言い放つセリフです。目上の人間にもひるむことなく向かっていく半沢直樹の姿に、胸がすく思いをしたビジネスマンは多かったことでしょう。何せ現実の職場では、「やられたらやられっぱなし！　泣き寝入りだ！」が日常茶飯事だからです。

部下が上司に逆らえず悔しい思いをするのは、そこに権力関係があるからです。権力とは、「他人の抵抗を退けてでも、自分のやりたいことをやり通す力」と定義できます。したがって、どれだけ上司の決定が理不尽だと思っても、権力の差があるため、部下は基本的に従うしかないのです。

ただし、権力が常に上から下へと流れるかといえば、話はもう少し複雑です。権力があるのをいいことに、強引な決定ばかりする上司に対して、部下たちは不満を抱きます。その不満はやる気を削ぎ、職場にマイナスの影響を与えます。成果が上がらず、上司の評価も下がります。

会社から与えられた権力に差があっても、実際には、上司は部下の顔色を見ながら仕事をしています。人と人との間に発生している権力は、物理的な法則とは違って、下から上へも流れるのです。セクハラやパワハラといった言葉が一般的になった現代では、上司はこうした下から上への権力に対して以前より神経質になっています。ドラマチックな逆転劇はありえないにしても、上司に従うだけが部下の役割ではないのです。

会社という組織の中で働く上で、職場の人間関係は、仕事の質や量に大きく影響します。つまり、権力の作用の仕方が重要なのです。ここでは、権力という視点をふまえて、職場での人間関係を含めた会社内での問題について考えていきましょう。

一生懸命働くことの何が悪いんですか

改めて確認しておくと、朝起きて「会社に行きたくない」と考えるのは正常な思考回路であるというのが本書が最初に示した基本的なスタンスでした。だから、社員と会社はもっとビジネスライクな関係を結ぶべきだと述べましたし、男の価値と年収の関係について論じた際には、仕事を生活費のための手段と割り切るのも一つの手だと提案したわけです。そうは言っても、週5日40時間を数十年にわたって続けるのですから、一生懸命働いたほうがいいのではないかという疑問を持ったかもしれません。

会社とのビジネスライクな関係や、仕事は生活費のための手段という発想を持つことは、あくまで、自分と会社や仕事との間に適切な距離を保つための戦術です。常にこうした考えで働いていては、会社や仕事との距離がひらきすぎてしまいます。

愛社精神は行きすぎた自己犠牲につながりかねないので危険ですが、多少なりとも自分の働く会社に愛着を感じて所属意識を持たないと、仕事に身が入りません。また、手段としてだけで仕事を見てしまったら、働くこと自体が虚しくなってしまうでしょう。しかし、一旦、強制的に引き離さなければいけないほど、男性と会社や仕事は近づきすぎてしまっているのです。


現代の日本では、男性に対する評価がほぼ仕事上の経験と業績で決まってしまいます。イクメンが持てはやされると言っても、主夫の存在が認められないことからも分かるように、「無職の男性」に対する風当たりは厳しく、仕事をした上で家事も育児もするから褒められているにすぎません。加えて、「働くしかない現実」が目の前にあるわけです。仕事だけの毎日を送っていれば、あっという間に「働いてさえいればいいという意識」に陥ります。

こうした男性の置かれている現状をふまえ、第1章では、働くことをめぐる「普通」や「当たり前」に対して徹底的に疑問を呈しました。会社や仕事との距離が近い人ほど、その主張に違和感を抱いたはずです。フルタイム労働に順応し、何をするにも仕事に支障がない範囲で生活するようになったことを、「立派な社会人」になったと表現することができます。しかし、仕事を中心に置いてしか現実を見られなくなり、視野が狭くなってしまったとも言い換えられるのです。それでは、仕事や会社を客観視することはできません。

社員が会社を冷静に見られなくなることは、働く人たちの生活に支障を来すだけではなく、会社にとってもデメリットがあります。2015年に、日本を代表する大企業である東芝の不正会計が注目を集めました。3人の社長が利益をかさ上げしろとの指示を、2008年から7年間にもわたって続けました。歴代の社長が、「他人の抵抗を退けてでも、自分のやりたいことをやり通す力」である権力を乱用していたことが、この問題の一番の原因です。

しかし、いくら「社長からの命令」であっても、部下は「不正会計への加担」に対して反発を感じたはずです。「やらなければならない」が「やりたくない」という葛藤を抱えている状態を、心理学では認知的不協和と言います。心の中の嫌な感じを解消するために、会社や仕事を客観視できない社員は、「不正会計への加担」は「会社のため」だと考えて、自分のやっていることを正当化してしまうのです。「会社のため」にやったはずの不正会計は、結果的に、東芝という会社の根幹を揺るがす事態につながりました。

社員が会社と適切な距離を保てなければ、東芝の件にかぎらず、傍から見れば考えられないような企業不祥事をなくすことはできません。若い世代はもちろんですが、「イクボス」としての使命を背負った上司の方々にこそ、身を粉にして働くことが本当に会社のためになっているのか、風通しのいい職場環境とはどのようなものなのか、しっかり考えて欲しいと思います。

僕は産学連携の授業を担当しているので、大学教員としては、企業で働く人たちとの接点が多いほうです。若手の会社員の方々は、数年前まで大学生だったはずですが、考え方にも行動にも学生の時とは違った真剣さが感じられて頼もしく思います。一生懸命働いているからこそ、人として成長したのでしょう。ただ、数十年にわたる会社員生活は、頑張るだけでは乗り切れません。楽しい時もあれば苦しい時もあります。やりがいを感じることもあれば、投げ出したくなることもあります。会社や仕事に対する視点の抽き出しを増やして、つかず離れずバランスのよい関係を作ってください。一生懸命働くみなさんを心から応援しています。

定時に帰ってもいいですか

男性の働き方は、週5日40時間が「最低限」で、それ以上が「普通」に求められます。この「普通」が本当は「おかしい」ことに気がつかなければなりません。日本でいつまでたっても長時間労働が改善しないのは、長時間労働が問題としてきちんと認識されておらず、「普通」の状態になってしまっているからです。

問題だと考えられていれば、放置したままの状態に違和感が出てきます。解決しなければ嫌な感じがするはずです。気がついていなければ仕方ありませんが、ズボンのチャックが開いていることを知っていながら、閉めずに生活することはできないでしょう。一日10時間働くのが「普通」になっている場合、本当に仕事をこなすのにそれだけの時間が必要なのか見直すべきです。週5日40時間は「最低限」ではなく、基本の労働時間です。この範囲をはみ出さないようにスケジュールを管理して、ぜひ定時に退社してください。

ここまで読んで、現実が分かっていないとか、会社で働いたこともないくせに偉そうなことを言うなとか、反論したくなった方もいると思います。落ち着いてもう一度前の文章に戻ってください。誰かを攻撃していましたか。週の労働時間は基本的に40時間なので、定時に退社しても大丈夫だと言っているだけです。念のため断っておくと、仕事に対して手を抜いていいとも言っていません。では、なぜ責められていると感じてしまったのでしょう。

社会学者のピーター・L・バーガーは、社会学の魅力について「見知らぬものに出会う時の興奮ではなく、見慣れたものの意味が変容するのを知る時の興奮を与えてくれることだ」と言っています。前にも述べたように、「普通」を疑ってみると知的な発見があり、それ自体、おもしろいことです。一方で、「普通」だと信じていた働き方を「おかしい」と言われれば、会社員としての自分が否定されたような気分になるのも分かります。「見慣れた景色」が変化してしまうのが怖いという男性もいるはずです。

社会はなかなか変わりませんし、職場の雰囲気でさえ個人の力ではどうにもなりません。

いまの「普通」に留まりたくなるのは分かります。それでも、せっかく『男が働かない、いいじゃないか！』なんてタイトルの本を手に取って、ここまで読み進めてきたわけです。長時間労働を問題だと思うなら、ぜひ自分の働き方について考えてみて欲しいと思います。結局、社会や職場を動かしているのは、そこで暮らし、働く人たちです。

働き方を見直す第一歩として、まずは、どれぐらい自分の生活が仕事中心になってしまっているのかチェックしてみましょう。作詞家、コラムニストで、ラジオパーソナリティのジエーン・スーさんとトークイベントでご一緒した際に、スーさんが提案してくれたアイデアを紹介します。ちなみに、スーさんは男性の「生きづらさ」に関心を持っていて、TBSラジオの番組『相談は踊る』でもしばしば男性学について言及してくれています。

仕事ばかりしている男性は、定年退職後に行く所もなければ、することもないという話をしていると、スーさんが「何のあてもなく一日有給を取ってみるのもいいかもしれません。そうすると仕事を抜きにした自分の等身大っていうのが分かる」とおっしゃいました。確かに、女性であれば、美容室に行こうとか、部屋の掃除をしようとかいくらでもやることが出てきそうですが、男性の場合は何かあるのかなと心配です。スーさんは真面目に働いている男性ほど、何をしていいか分からないのではないかと分析していました。

仕事が忙しいと、友だちはいらないだとか、趣味は無駄だとかいった発想になりがちです。実際に、友だちがおらず、趣味もないとすれば、定年退職した居場所のないお父さんと現役で働く男性の違いは仕事をしているかどうかだけです。働いているから、失っていることに気がつかないだけです。

会場にいた30歳前後の男性に有給を取るとしたら何をするかと話を振ってみたところ、意外にも、「同棲を解消して暇になって始めた趣味のボウリングをする」や「土日は混んでいるレストランに行ってみる」といったしっかりした具体的な答えが返ってきました。みなさんはどうですか。

仕事以外の生活がなければ、真剣に働き方を見直すのは困難です。定時に退社したければ、8時間という制限の中で、いかに効率的に仕事をするかを考える必要があります。実際に有給を取って、仕事がない一日をどうすごすか試してみてください。

競争に負けるのは自己責任ですか

日本の昇進パターンの特徴は、遅い選抜にあると言われています。早い選抜で知られるアメリカの場合、入社して3年で昇進に差がつき始め、9年経つと昇格の見込みがない社員が半分を超えます。日本では、8年で昇進に差がつき、昇格の見込みがない社員が半分以上になるのは20年後です。30歳で結論が出れば社員は転職などの決断が容易ですが、40歳まで結論を引き延ばすことで、会社としての団結力は生まれやすくなります。

日本とアメリカのどちらの方式がいいのか簡単に結論は出ませんが、自分がどのような仕組みの中で競争しているのかを知っておくことは大切です。若手社員のみなさんは、まだほとんど横並びの状態で、これからふるいにかけられます。多少の差がついても挽回は可能です。中盤以降の出世レースはトーナメント方式になるので、負けたらそこまで、敗者復活はなしです。

かつて熾烈な競争に立ち向かった勇者の戦い終えた姿なのだと思えば、窓際で仕事をしないで座っているだけのおじさんに対しても、これからは優しい気持ちになれそうですね。とは言え、競争の勝者は一握りである以上、明日は我が身かもしれません。

確かに、自己責任と言いたくなるような無駄な努力が、世の中には存在しています。近所のフィットネスクラブに通っているのですが、オリジナリティあふれるフォームで、高重量のトレーニングに励む男性を見かけます。気合も十分で、汗もしたたっています。しかし、当たり前ですが、いつまでたっても体型はそのままです。

インストラクターのアドバイスに耳を貸さず、明らかに自分の筋力に見合わない重量で、ハードなトレーニングをやった気分だけを味わっているのですから、成果が出るわけがありません。会社にも周囲の意見を聞かないで、実力以上の仕事を抱え込み、自分はできる人間だと錯覚している社員がいます。仕事はチームワークが大切ですから、他人に迷惑をかけてしまう分、趣味の筋トレよりもたちが悪いと言えます。

ただし、筋トレと仕事には、評価をする上で大きな差があります。筋トレの成果は筋肉量の増加や体脂肪率の減少といった指標によって評価が可能です。性別、年齢、あるいは個々の身体能力によって差は出ますが、成果を評価する基準に明確な客観性があります。

仕事の評価は簡単ではありません。客観的に比較可能な指標は、勤続年数などごく一部です。チームで仕事に取り組んでいる場合、どこまでが個人の成果なのか判断が難しくなります。新しい事業に取り組むために、専門性を買われて中途採用された社員の評価が高くなったり、グローバル化を進める企業で急に帰国子女の評価が高くなったり、会社の方針や社会情勢によって評価の基準が変わることもよくあります。また、個人的な好き嫌いや学閥といった人間関係に基づく主観的な要素を完全に取り除くのは不可能です。

評価で理不尽な思いをしたことがある方は、読んでいてイラッとしたでしょう。このように考えると、競争に負けるのが自己責任かどうかを追究するよりも、いかに納得感のある評価を確立するかが、会社と社員の双方にとって重要であることが分かります。

革新的な評価基準を取り入れている企業があります。イクボス企業同盟を紹介した際に名前を出したサイボウズです。サイボウズは時間と場所の制約を外して、多様な働き方を実現したことで注目を集めています。マネジメントが難しくなりますが、社員は自分の生活に合わせて働けますし、定着率が上がることで、会社側は採用や教育のコストを節約できます。

さまざまな働き方をする社員を一つの基準で比較するのは困難です。そこで、サイボウズでは等級を廃止して、給与を市場性で決めています。「転職したらその社員の給与はいくらになるか」で評価するということです。社内のローカルルールに安住することなく、会社と社員がお互いに緊張感を持って、いい意味でビジネスライクな関係を結ぶことができます。

市場性で社員を評価している企業はまだないと思います。それでも、転職サイトに登録したり、コンサルタントに相談したりして、現時点での自分の市場性を確かめることは、会社員であれば誰にでもできます。競争の結果が出てから、正当に評価されなかったと嘆くのではなく、自分の社外での評価を知り、評価を高めるためには、何ができるのかを考えましょう。

パワハラはされるほうにも問題がありますか

会議でちょっと上司に意見をしただけで、「お前ごときが」とののしられ、それでも反論をしたら閑職に追いやられた。実際に僕が耳にしたケースです。みなさんの職場でも、多かれ少なかれ、似たようなことがあるのではないでしょうか。パワハラとは、上司が自分の権力を利用して、部下に嫌がらせをすることですが、嫌がらせという言葉では片づけられない事態が会社では起きています。リストラ要員を一つの部屋に集めて、仕事をあたえず放置することで自主退職に追い込む手法などは、会社による社員へのパワハラです。感情的になってしまいそうな問題だからこそ、冷静にパワハラとは何かを見極めなければなりません。

まず確認しておきたいのは、パワハラは職場でのいじめであるということです。大人にもいじめがある現実を直視することから、議論を始める必要があります。いじめを研究する社会学者は、第一に、加害者が相手を痛めつける目的を持ち、第二に、実際に攻撃をしかけ、第三に、被害者が苦しむという三つの要素でいじめが成り立っていると指摘しています。第一と第二の条件がなければいじめが発生しない以上、パワハラは部下を傷つけようとする上司の側に原因があります。される側にも問題があるのではないかなどという心配は無用です。

同時に、この条件をふまえれば、上司の言動が不快だとか気に食わないというだけでは、パワハラにはならないことが分かります。パワハラだけではなく、ブラック企業も同じですが、自分がどのように感じたかだけを根拠に、上司や会社にレッテルを貼ったところで、多少気が晴れる程度の効果があるだけです。安易にパワハラやブラック企業という言葉を使うことは、本当に深刻な事態への焦点をぼかすことにつながるので控えましょう。

例えば、遅刻や無断欠勤のような明確なルール違反を繰り返す部下に対して、上司が叱るのは当然です。ここまで極端なケースは稀《まれ》かもしれませんが、仕事でミスをすれば、上司は部下を注意します。厳しく叱責された部下は、もっと別の言い方があるだろうと思うかもしれません。しかし、痛めつけるのが上司の目的ではないですし、部下が自分の非を認めるべきです。

パワハラはいじめですが会社内に限定した話なので、相手を痛めつける点については、「会社あるいは上司の利益を部下の利益よりも優先させるために」という条件を加えたほうが実際的です。こちらは何も悪くないのに、ただひたすらに部下の苦しむ姿が見たくてパワハラを繰り返すような猟奇的な上司はほとんどいないでしょうし、仮にいたとしても男性学で扱える範疇《はんちゅう》を超えています。

リストラのように会社や上司の目的がはっきりしている場合よりも、おそらく、日常的にみなさんを悩ませているのは、上司の個人的な問題によるパワハラだと思います。その意味で懸念されるのは、男ばかりの職場で仕事だけの生活を送ってきた男性上司が、そのキャリアの中で培ってきた性別、性的指向、人種、世代に対する偏見に基づいて部下を差別するタイプのパワハラです。

そんなつもりはなかったという言い訳が聞こえてきそうですが、偏見に基づく差別は、本人が無自覚なところに罪の深さがあると言えます。円滑に業務が遂行できるように全体を管理するのが上司の役割なのですから、フラットな視点で部下を見られない人物は管理職として失格です。

たとえ、パワハラをされた側に非はなく、する側の責任だと理解できても、競争するように「煽り」を受けて育ってきた男性にとって、権力に屈して「負けて」しまった印象があるため、自分がパワハラの被害者であると認めるのは簡単ではありません。パワハラをコミュニケーションとしてとらえれば、上司がどのような言動をとったかだけではなく、自分がそれをどのように受け取ったかまで含めて考えることが可能です。したがって、確かに、攻撃されている苦しみを認めずに耐えているかぎりは、パワハラは成立しないことになります。

しかし、被害者がいなければ、加害者もいなくなってしまいます。それ以上に問題なのは、理不尽な目にあっている痛みを抱え込んで、自分で自分を苦しめる結果を招くことです。自分を苦しめないでください。加害者の責任を問い、パワハラを解決していきましょう。

「うつ」は他人事だと考えて大丈夫ですか

２０１５年の年末に、中日新聞の記者の方から、イケメンゴリラとして評判の〝シャバーニ〟に対して、男性学の専門家としてのコメントが欲しいと依頼されました。男性学がどれだけ万能の学問かよく分かりますね。シャバーニは名古屋市の東山動植物園にいる雄のゴリラです。テレビやネットで話題になったので、彼の姿を目にしたかもしれません。

「あの人、ゴリラみたいな顔しているよね」と言った場合、ゴリラには申し訳ありませんが、一般的には悪口です。そのゴリラがイケメンという矛盾が世間の興味を引いたのだと思います。ですから、信じられないぐらい美しく綺麗なブタがいれば、きっとシャバーニと同じように注目を集めるでしょう。こうした瞬間的に分かりやすいおもしろさは、いかにもS

ＮＳ全盛時代の流行という印象を受けます。

さて、男性学の視点から、イケメンゴリラの人気の秘密を考えてみます。シャバーニは群れのリーダーです。マッチョなだけでなく、チームワークを大切にして、周りに配慮できる雰囲気を持っています。ラグビーの五郎丸《ごろうまる》歩《あゆむ》選手やダンス＆ボーカルユニットのＥＸＩＬＥのように、力強さだけではなく、仲間を大切にするような優しさを兼ね備えた男性像が、現代の日本では理想的な〈男らしさ〉とされています。人間がそうした〈男らしさ〉をシャバーニに投影して見ているから、人気を博したのでしょう。

注目したいのは、時代によって変化しているように見える〈男らしさ〉の中心に「力強さ」や「逞《たくま》しさ」という要素が残っていることです。男性のうつ病を考える際に、この点は非常に重要です。臨床心理士のテレンス・リアルは、男性のうつ病は、病気の原因が病気を隠してもいるから皮肉だと言っています。「男は脆弱《ぜいじゃく》であってはならない。苦痛は乗り越えなければならない。それができないことは恥である」。このような考えを持ち、真面目に頑張っている男性は、自分だけではなく、他人からも高く評価されます。もし、仕事でつらいことがあっても、簡単にはへこたれずに、困難を乗り越えていこうとするでしょう。職場でも家庭でも、男として立派に頑張っているなと頼もしく思われるはずです。〈男らしさ〉がプレッシャーとなって精神的に負担がかかっていても、頑張る姿だけが目に入っている家族や同僚は、心の中の変化に気がつくことができません。何より問題なのは、本人さえ自分がうつ病だとは分からない場合があることです。まさに病気の原因が病気を隠していると言えます。世間的には評価の高い〈男らしさ〉を体現する真面目な男性にとってこそ、うつ病は他人事ではないのです。

〈男らしさ〉にとらわれていると、うつ病だと気がついてからも、病気を直視できない状況が続きます。本人がうつ病を恥じて自分の内面に向き合わないだけではなく、家族も男としてのプライドを傷つけてはいけないと問題をあいまいにしてしまうのです。こうした周囲の態度は、「男は黙って耐えなければならない」というメッセージを送って、苦しむ男性が助けを求められない状況に追い込んでしまうとリアルは厳しく指摘しています。パワハラと同様に、事態を素直に受け入れなければ、解決に向けた一歩を踏み出せないのです。

インタビュー調査をしている中で、うつ病であることを会社に秘密にしたまま働いている中年男性に出会ったことがあります。はじめは、仕事にやりがいを感じ、長時間労働も厭わず働いていると楽しそうに語っていました。ところが、長期休暇を取っていたことがあるという話になり、しばらく会話を続けると、実はうつ病で今も薬を飲んでいると告白されました。何度かお会いしたことがあり、明るい印象の男性だったので、驚いたのを覚えています。インタビューの場で、自分の話に耳をしっかり傾けてもらえるという安心感があったから、本当のことが言えたのでしょう。

この男性は仕事に過剰にのめり込んで、自分の内面の問題を見ないようにしてきたと考えられます。さて、みなさんは自分は違うと自信を持って言えますか。働く男性たちは立ち止まり、肩の力を抜いて心の中を直視してみるべきです。「すぐに弱音を吐き、困難があれば簡単にあきらめ、それを恥とも思わない」。人生は長いのですから、時にはこうした適当さも必要です。

育児休業を取ってもいいですか

晩婚化が進んでいるので、子育てが始まるのは30代前半から後半にかけての家庭が多くなっています。ちょうど仕事が忙しく、責任が出てくる時期と重なります。しかも、遅い選抜の日本企業では、出世レースの真っ最中ですから、評価に影響するのではないかと心配になり、育休の取得をためらうのは当然です。

子育て世代が夫婦で参加する市民講座で、この問題について話し合ったことがあります。育休を取り、その後も定時で帰っている男性は、出世をあきらめていると言っていました。共働きということもあって、奥様も仕事より家庭を優先して欲しいと考えているそうです。夫婦の考えが一致するケースばかりではありません。家族のために出世しようと、残業を厭わず働いている夫に対して、できれば家庭を優先してもらいたいし、健康のためにもう少しはやく帰ってきて欲しいと願う奥様もいました。ワークライフバランスと簡単に言いますが、現実には、どちらかしか選べない家庭がほとんどです。

育休の取得は個人の自由なのだから、家庭の問題に介入するべきではないという意見を耳にします。また、女性の育休にさえ、職場に迷惑をかけていると反対する人がいます。

もちろん、業務を滞りなく進めることは大切です。人手に余裕がなく、育休を取られると残った社員に仕事のしわ寄せがきてしまうという現実もあると思います。

冷静に考えてみてもらいたいのですが、視点を変えれば、仕事がプライベートな領域にまで食い込んでいるから、女性が妊娠や出産をきっかけに退職し、男性は家庭の事情を顧みずに働くしかないのです。男性社員は仕事に支障が出ないように生活するべきという「常識」が職場を支配したままでは、女性の退職者を減らすことも、男性の育休取得者を増やすこともできません。

北欧の国々では、男性の育休取得を促す実際的な取り組みがなされています。例えば、ノルウェーやスウェーデンなどでは、育児休業の期間に「パパの月」を設けていて、この期間は父親だけに休む権利を認めています。使わなければ、その分の休暇はなくなってしまうので、取らなければ損というわけです。日本と北欧では、歴史的背景や文化、そして、人口規模もまったく違います。ただ、高福祉のイメージが強い北欧でも、男性の育児休業が普及したのはここ20年ぐらいにすぎませんし、現在でも、育休の取得日数は女性の方が多くなっています。日本には関係ないと開き直るのではなく、学ぶべき点は素直に学ぶべきです。日本ではせっかく男性が育休を取得しても、数日や1～2週間ということが珍しくありません。出産した女性が、妊娠前の状態を取り戻すには6～8週間程度かかるとされています。ちなみに、この期間を産褥期《さんじょくき》と言います。子育てのためだけではなく、妻の健康を考えても、せめて1ヵ月ぐらいは夫が妻をサポートできる状態が望ましいのです。

一般的に普及しているわけではないので、産褥期という言葉を初めて知ったという男性は少なくないでしょう。10年ぐらい前の出来事だと言い訳しておきますが、僕でさえ、産後の友人のお見舞いに行った際に、「意外と元気そうだね」と声をかけたら、「全然、元気じゃないよ！」と軽くキレられた過去があります。無知は罪です。

これから子どもを作る予定があるなら、産褥期について、ぜひ頭に入れておいてください。その上で、育休を取得するかどうか、取るならどれぐらい休むのかを考えておくといいでしょう。すでにお子さんがいて、退院後すぐに我が家の妻は元気だったなどと思っているのなら、それは単なる勘違いです。「問題がないこと」と「問題が見えていないこと」はまったく違います。産後クライシスは、今そこにある危機かもしれません。

男性の育休に反対する人たちを「時代遅れ」の一言で片づけて、男性の育休取得に賛成するのが「正しい」とアピールすることもできます。しかし、それでは批判された側は、強い反感を持って、態度を硬化させてしまうかもしれません。単純な二項対立図式に押し込めて、育休を取得する男性や賛成する側のイメージだけが良くなっても、現実が動かないのであれば無意味です。

自分が無理に育休を取得してしまったがために、職場の雰囲気が悪くなり、後に続く男性が出てこない状況になっては困ります。賛成にせよ、反対にせよ、男性の育休について真剣に考える人の数を増やし、議論を重ねていくことが、現実を変えるためには大切です。育休を取る際には、周りを巻き込むための作戦をしっかりと練る必要があります。

一般職って楽をしすぎですよね

社会学者のアーヴィング・ゴッフマンによれば、1950年代のアメリカでは、女子大学生が男子大学生の前で、故意に自分の能力を低く見せることがあったそうです。わざとアルファベットのつづりを間違えたり、おもしろくもなければ、新たな発見もない退屈なだけの男子の話を、さも興味があるように聞いたりしていたといいます。男を持ち上げておけば、物事がスムーズに進むことを彼女たちは知っていたのです。

それから数十年経った現代の日本では、女性が男性に言うと喜ばれる「さしすせそ」が存在しています。「さ」は「さすが」、「し」は「知らなかった」、「す」は「すごい」、「せ」は「先輩だから特別に」、「そ」は「そうなんですか」です。合コンやデートなどの最中に、女性がこれを使えばモテるとされています。「せ」だけ少し語呂が悪くて改善の余地がありそうですが、いずれにしても、女性が下手に出て、男性の機嫌をうかがっているわけです。

かつてのアメリカと現代の日本に共通しているのは、「男はリードする側、女はリードされる側」という男女関係のルールです。だから、時代も国境も超えて同じことが繰り返されることになります。男性が飲み会の席で笑いをとれるのは、おもしろいかのように女性が演技して話を聞いてくれるからです。

職場の問題に置き換えてみましょう。日常生活でも、女性が男性を立てれば物事がうまく運ぶと考えられています。加えて、総合職と一般職は単なる役割の違いではなく、その間には大きな権力の差があります。

自覚していないかもしれませんが、総合職の男性は、権力をふるうことが「普通」になってしまうほど高い位置から、一般職で働く女性を見ています。さらに、仕事をスムーズに進めるために、一般職として働く女性社員は、自分を低く見せようとする努力を絶え間なくしています。だから、総合職で働く男性の目には、あたかも一般職の女性が楽をしているように映るのです。第2章では、セクハラについて深入りしませんでしたが、こうした会社内での男女の上下関係をふまえると、なぜ職場でセクハラが頻発するのかよく理解できます。

2015年に、大学でのセクハラをテーマにした舞台『オレアナ』の公演がありました。大学教員のジョンを田中哲司《たなかてつし》さん、学生のキャロルを志田未来《しだみらい》さんが演じました。単位の心配をして研究室にやって来たキャロルに対して、ジョンはそれなりに誠実に対応します。ただ、自分の昇進や新居の契約のことが頭をかすめ、キャロルの話を真摯《しんし》に聞いているとまでは言えません。

日本の大学でも、年度末になれば、必ず教員の元に単位のお願いに来る学生がいます。真剣に話を聞いたところで、基本的には本人の怠慢でしかないので、「厳しく注意、追加のレポートなどの課題を課す、期日までにしっかりとしたレポートが提出されれば単位を出す」というパターンを確立している教員は少なくないはずです。ジョンも同じような発想で、キャロルの訴えをなるべくはやく「処理」しようとします。

ジョンは研究室での補習を提案します。理由を尋ねるキャロルに、ジョンは「キミが好きだから」と言います。他にも、自分は頭が悪いからどうせだめだと落ち込むキャロルに対して、ジョンは軽く肩を抱いてなぐさめます。後日、キャロルは大学に対してジョンにセクハラされたと訴えるのです。

この物語の流れに対して、「女性がセクハラだと感じたらセクハラなのか？」と、納得のいかない男性は少なくないと思います。企業のセクハラ研修でも必ず出る質問です。しかし、性的なニュアンスがあるかどうかの前に、自分の持っている権力に自覚がなく、おだてられていることにも気がつかないような男性は、間違いなく女性を軽く見ています。だから、女性が傷つくような言動を無自覚に取ってしまうのです。したがって、男性側の意図よりも、女性がどのように感じたのかを優先しないとフェアな議論になりません。

フルタイムで働く女性が増える中で、総合職と一般職という区別は、徐々に解消していくと考えられます。そうなると、男性と女性は同じ土俵での競争です。男性は、妻の給料のほうが高くても世帯全体の収入が増えるからラッキーというレベルとは違う覚悟を持たなければなりませんし、女性も男性を立てている場合ではありません。若手会社員のみなさんはこれから数十年にわたって働くわけですから、こうした会社内でのルール変更に備えて、早めに一般職の女性への偏見は解消しておくことをお勧めします。

管理職の女性は無理をしていますよね

ある会社で、かつての勇者たち、つまり出世レースに敗れた中高年男性を集めてインターネット部門を作りました。もしかすると、おじさんたちはろくにパソコンも使えないだろうと思った会社が、追い出し部屋として用意したのかもしれません。

しかし、やる気がなかったはずの彼らは急に懸命に働き出して、一定の業績をあげる結果となり、社内でも無視できない部門に成長していきました。もともと力はあったにもかかわらず、ポストが与えられなかったから無能に見えていただけで、役割があれば活躍する可能性はあったのです。このように考えると、会社員にとって期待されないほど悲しいことはないと言えます。

日本の企業では、女性の部長は20人に1人ぐらい、課長は10人に1人もおらず、係長でさえ6〜7人に1人程度にすぎません。女性管理職が少ない理由はたくさんありますが、女性が管理職として期待されていないことが、大きな原因の一つになっています。管理職に向いていないから少ないのではなく、管理職は女性に向いていないという「常識」が、女性の出世を阻んでいるのです。

女性への偏見を変えるのは簡単ではありません。管理職として同じ働き方をしていても、男性であれば「普通」と思われるのに、女性の場合には、女性だというだけで「無理」をしている印象を持たれてしまいます。みなさんが、女性の上司は「無理」をしていると感じたとすれば、それは、自分が偏見を持っているのかもしれないと疑ってみてください。イメージは単なるイメージに止まらず、「無理」をしていると見られれば、現実に部下からの信頼に影響を与えることになります。管理職としての資質を問われかねません。女性の管理職は、男性にはないハードルを越えて行かなければならないのです。

企業や役所への聞き取り調査をすると、必ず、希望者がいないから女性管理職が少ないのは仕方がないという話が出てきます。しかし、偏見が強いために、女性自身が自分にはできないと考え、昇進への意欲をなくしているのです。もし、客観的な働きぶりだけで評価されるようになれば、もっと希望者は増えるでしょうし、優秀な女性社員はたくさんいるのですから、管理職が男性ばかりになるはずはありません。

こうした偏見を乗り越えて優秀な管理職だと評判になった女性がいても、「あの人は女を捨てているから」などと揶揄《やゆ》されます。「例外」として扱うことによって、管理職としての能力に性別は関係ないという考え方にはならないで、管理職は女性に向いていないという「常識」が守られるのです。偏見で評価が歪み、優秀な人材を活用できないことは、会社にとっても損失だと言えます。また、本来、快適に働ければ上司の性別はどちらでもいいわけですから、部下にとっても残念なことです。

どのような上司の元で、部下は気持ちよく働くことができるのでしょうか。先ほど舞台『オレアナ』の話をしましたが、パンフレットに掲載するために、田中哲司さんと対談させていただきました。哲司さんは教師と学生の関係について、「そこは当然、立場の違いがあるので、緊張感のある関係のほうが正しいと僕は思いますよ」とおっしゃっていました。哲司さんは自分が「昭和の男」だと認めていますし、みなさんも「古い」と感じたかもしれません。しかし、教員と学生の間には上下関係が必要です。もし、教員と学生が対等で、「他人の抵抗を退けてでも、自分のやりたいことをやり通す力」である権力がまったく同じだったら、教える／教わるという関係が成立しません。

上司と部下の間にも権力の差が必要です。綱引きだって、両側からまったく同じ力で引っ張り合ったら動かなくなるでしょう。権力に差があるから、上司は部下に仕事を教えたり、指示を出したりできます。その意味では、性別だけではなく年齢や人種も関係なく、上手に権力を使いこなせる能力のある人が、管理職になればいいのです。そのような上司の元でなら、部下は気持ちよく働けます。

ここまで、パワハラやセクハラの話をしてきました。上から目線を嫌う若い世代のみなさんは、上下関係は良くないものだと思っていたかもしれません。しかし、権力の乱用は問題ですが、権力自体が悪いわけではないのです。優秀な会社員を目指すなら、まずは、上司からの指導や指示を的確に受け止める能力を身につけていきましょう。

無能な上司にどう接すればいいですか

参加者が女性だけの市民講座で男性学の話をすることがあります。長時間労働、自殺、あるいは、家庭や地域での居場所のなさといった問題について解説すると、男性には男性なりの悩みがあると分かったと多くの女性が言ってくれます。男性の立場を理解してもらうことで、プライベートでの夫や恋人との関係、あるいは、職場の上司や同僚との関係を見つめ直すきっかけになるはずです。では男性は、男性には見えにくい女性ならではの悩みに関心を持っているでしょうか。自分だけ分かってもらおうというのは虫のいい話です。男女がお互いの立場や考えの違いを理解し合えば、私生活でも会社でも、より良い関係を築いていけます。

講座で「こんな男性に困っている」をテーマに議論をしたのですが、若い女性が職場での出来事を語ってくれました。「仕事を辞めたい」と上司に相談に行ったところ、「どうして辞めるなんて思うんだ。そんな考えを持ってはダメだ！」と一蹴されてしまったそうです。悩みを聞いてもらおうと思ったのに、悩むこと自体が間違っていると言われてしまったわけです。もう上司には相談をする気にはならないと話していました。

コミュニケーションは、キャッチボールです。現実にはボールはありませんから、言葉を交わしていれば会話をしているように見えます。しかし、自分に投げかけられた言葉を、しっかり受け取った上で、相手に言葉を投げ返さなければ、コミュニケーションは成立しないのです。この上司は、頭ごなしに結論を押し付ける前に、部下が何を言おうとしているのかを理解しようとすべきでした。部下から信用されない上司は、円滑に業務が遂行できるように全体を管理できません。したがって、話が通じない上司は、無能な上司の典型だと言えます。

こうしたすれ違いは、職場だけではなく、プライベートでも起きているようです。恋バナ収集ユニット桃山商事の代表・清田隆之《きよたたかゆき》さんは、「女性たちから頻繁に、『彼氏や夫と話し合いができない』という悩みを聞く」とおっしゃっていました。例えば、自分で旅行のプランを立てると言っていたから、「どうなってる?」と聞いただけなのに、彼氏は延々と「仕事が忙しくて」などと何も考えていなかった言い訳を並べるというケースがあるそうです。確かに、これでは話になりません。

清田さんと対談した際にも紹介したのですが、養老孟司《ようろうたけし》さんの『バカの壁』の中にこんなエピソードがあります。薬学部の学生に出産の映像を見せたところ、女子はいろいろな発見をしたと言っているのに、男子は新しい発見はなかったという感想しか持ちませんでした。薬学部の学生は、講義や教科書を通じて、事前に出産について専門的な知識を持っていたと考えられます。女子は映像から学ぼうとしたのに対し、男子は知っている知識の確認としてしか映像を見ていなかったのです。男子と女子で出産の映像について議論しても、きっとかみ合わないでしょう。

職場や教育現場での事例を見ていくと、あくまで傾向としてですが、男性は自分の頭の中にある枠組みを演繹《えんえき》して現実を認識していることが分かります。目の前の出来事から帰納して現実を解釈しようとしないから、部下の悩みを頭ごなしに否定してしまうことになるのです。

演繹型の発想しか持たない上司は、部下からは聞く耳を持たない無能な上司に見えてしまいます。ただし、上司の立場からすれば、自分の知識や経験を活かして、演繹型の発想で対応するのは仕方がない面もあります。いちいち帰納型の発想で対応していては、仕事にならないからです。常に、上司に帰納型の発想を求める部下は、上司からすれば無能な部下に見えます。

会社での権力の問題を考えたこの章の議論をまとめると、有能な上司とは、フラットな視線で部下を見て、円滑に業務が遂行できるように全体を管理できる人です。スピーディーに仕事を処理するためには、演繹型の発想の抽き出しを増やすことが有効です。ただ、現実は常に変化しているので、演繹型の発想が行き詰まった場合には、事態を観察して、そこから結論を導く帰納型の発想への切り替えが求められます。また、自分の偏見を修正したり、部下からの相談を聞いたりする際にも、帰納型の発想が必要です。会社にかぎらず、有能とされる人は、柔軟に演繹と帰納を往復することができるのです。

第４章　世の中のせいにしたって、いいじゃないか

老害に鉄槌を下す

1980年代後半から、日本で男性学の研究は始まっていました。90年代には、男性学を研究する学者も参加して、メンズリブ運動（男性解放運動）も展開されています。しかし、2000年になる頃には下火になっていましたし、そもそもそれほど社会にインパクトを与えなかったので、メンズリブ運動の話をすると、そんなものが日本であったのかと驚かれます。この本を通じて初めて男性学の存在を知った方がほとんどだと思いますが、30年ぐらい前から、社会の端っこでひっそりと頑張ってきたのです。

1990年前後に過労死、2000年前後にはリストラが社会問題になり、その度に、

「サラリーマン的な生き方」はこのままで大丈夫なのかと問われました。しかし、男性がフルタイムで定年まで働くのは「当たり前」すぎたので、過労死もリストラもなくなりませんでしたが、問題への関心は時間が経つと薄れていきます。こんな状況で男性学が注目されるはずもありません。

ここ数年、社会の端っこから徐々に一般の人の目につく位置にまで、男性学は進出してきました。まだまだマイナーとはいえ、男性学に取り組む研究者も増え、学問としてのレベルは上がっています。ただ、あらゆる学問が30年前と比べれば進歩していますから、それが注目される理由とは考えられません。仕事中心の男性の生き方はいよいよ立ち行かない時代に突入したから、男性学の位置づけが変わってきたのです。

バブル崩壊以降、日本社会の行き詰まり感は、とてつもないものがあります。画一的すぎる男性の生き方は、現代の社会状況にフィットしていません。ところで、誤用されている日本語はたくさんありますが、「老害」とは多くのみなさんが頭に思い浮かべたあのおじさんのことではなく、世代交代が円滑に進まなくなってしまった状態を意味します。つまりシステムの問題です。社会全体に視野を広げて、これからの時代の男性の生き方を考えていきましょう。

世の中、間違っていますよね

確かに、間違っていると言いたくなる出来事が多い世の中です。実感しやすい例をあげると、世代でひと括りにされるほど理不尽なことはありません。若者は若者だというだけで否定されがちですが、それに加えて、みなさんの中には、「ゆとり世代」と名づけられ、やれ学力が低いだの打たれ弱いだのと叩かれてきた方たちも含まれていると思います。しかし、ゆとり教育はつめ込み教育の反省から、大人たちが勝手に決めて始めたものです。誰も教科書を薄くしてくれと頼んだ覚えはないでしょう。

それなのに、成長したらゆとり世代とバカにされているのですから、たまったものではありません。仮に、教育的に失敗だったとするならば、導入を決めた大人たちが責任を取るのが道理です。そもそも、他の世代と比較して、どのような基準で学力が低下しているのかあいまいですし、「打たれ弱い」に至っては、単なる思い込みに基づいたレッテルだと断言できます。

こうした話を大学の講義でしたら、高校生の時に教師から、「お前たちゆとりは失敗作だ」と言われたなど酷い話がいくらでも出てきました。もしかしたら、上司や先輩から会社でも同じようなことを言われ、悔しい思いをしている方もいるかもしれませんね。根拠のない悪口を真に受けて自信を失ってしまうのは、実にもったいないことです。

気をつけなければならないのは、人は差別されることには敏感ですが、差別することには鈍感です。老害という言葉を聞いて、特定のおじさんの顔が浮かんでしまったことから分かるように、若いみなさんが中高年男性に偏見を持っていないとは言えないでしょう。世代で決めつけて断絶を作ってしまうと、溝は深まるばかりです。

ただし、安易に世代でひと括りにするのは問題ですが、世代論が無意味というわけではありません。社会学ではＡＰＣ効果といって、人々の意識や行動を、「加齢」(aging)、「時代」(period)、「世代」(cohort) という3つの視点から分析します。経済状況や個人の意識の変化から考えて、「サラリーマン的生き方の危機」の時代（period）であることは間違いありません。しかし、それをどのように受け止めるかは、現時点での年齢（aging）や育ってきた時代状況（cohort）によって異なります。

会社は、20歳代から60歳代までという幅広い世代の集まりです。価値観の違いを前提にしてお互いに歩み寄れば、スムーズに進む社内の案件はたくさんあるはずです。何より、「サラリーマン的生き方の危機」は、世代を問わずすべての男性に共通の問題です。仕事を続けなければならないのは若い世代ですが、定年に近い世代ほど仕事中心の生活が終わった後のことを考えなければなりません。当事者として解決に向けて手を結び、知恵を出し合うのが、お互いのためなのです。

１９８２年に発表されたエッセイの中で、会社員を経験したある作家が、銀行員の知人から聞いたサラリーマンの三悪について書いています。サラリーマンの三悪とは、目覚まし時計、ネクタイ、満員電車です。目覚まし時計が少し分かりにくいかもしれませんが、何時に寝ようが決まった時間に起きなければならない生活の象徴と言えば理解できると思います。そして、明文化された規則よりも、このような明文化されていない慣習のほうが、サラリーマンの生活を強く拘束していると綴っています。いまから30年以上前の文章ですが、おそらく、実際に話を聞いたのはもっと前でしょう。

現代ではフレックスタイムや在宅勤務、あるいは、クールビズといった言葉が普及しています。実際に取り入れている企業も少なくありません。しかし、三悪は繰り返され、まるで永遠に解けない魔法のように働く男性たちを縛り続けています。

長く働いてきた人ほど、「苦痛であっても、こうした型に自分をはめて仕事を続けていくから会社員として成長できるし、会社の利益も上がる」という意見を持ちやすいでしょう。一つの「正論」です。

まだ組織に馴染み切っていないからこそ「間違っている」という感覚を持ち続けることで、「普通」や「当たり前」といったレベルの説明では誤魔化されなくなります。しかし、「普通」や「当たり前」を変えていくには、それを支える「正論」に感情ではなく論理で切り込まなければなりません。感情的な怒りではなく、冷静な怒りが新たな「正論」を生み出すのです。

昭和のほうが幸せでしたか

僕は昭和50年（1975年）生まれなので、10年ちょっとしか昭和を経験していないんですよ。すでに平成も30年近くなり、平成元年生まれの人たちが、会社員生活を始めて数年が経過しているので、昭和というひと括りも仕方がないのかもしれません。

もちろん、大学生は平成生まればかりです。この前、「僕が子どもの頃は、まだオート三輪が走っていたんだよ」と言ったら、「映画で見たから知ってます！」と言われて、あせって否定しました。それでもまあ、少しは昭和を生きましたから、その経験も活かして昭和の雰囲気を理解してもらうために、ごく簡単にこの時代を解説してみます。

なんといっても昭和でイメージがいいのは、30年代でしょう。オート三輪もこの時代の乗り物です。貧しいながらも人情があった「古き良き日本」という印象があると思います。2005年に公開された映画『ALWAYS 三丁目の夕日』は、昭和33年（1958年）の日本を描いて、多くの人の感動を呼びました。東京のお台場にある台場一丁目商店街のように、昭和の街並みを再現したレトロテーマパークが全国各地にあります。当時を知らない人にも、こうした映画や施設は懐かしさを感じさせます。

『三丁目の夕日』の舞台となった昭和33年に20歳だった人は、すでに80歳近くになっています。映画の公開当時でさえ70歳ぐらいです。当時を知らないのに懐かしいではなく、むしろ、当時を知らない人ばかりになったからこそ、フィクションとしての昭和30年代にリアリティが宿ったのです。記憶は頭の中だけにあるわけではありません。頭の外側にある「古き良き日本」というメディアを通じて作られた記憶が、当時を知らない人に懐かしさを感じさせているのです。

現実の昭和30年代は、若者論に関心のある社会学者の間では、少年による凶悪犯罪が顕著に多かったことで知られています。また、貧しさゆえに家族総出で働き、しかも、一つの家族の中に会社勤め以外に、農業や自営業などさまざまな職業が混在していることも珍しくありませんでした。家族団欒《だんらん》の時間はそれほど持てなかったはずです。

昭和の終わりから平成にかけての時代の空気を紹介します。時はすでに平成3年（1991年）でしたが、高校1年生の夏に、地元の中学校の前で暴走族の集団に囲まれました。東京都とは言っても、僕の住む23区外の田舎の市には、まだ目が合っただけで殴りかかってくるような不良がいました。ちなみに、暴走族のピークは昭和57年（1982年）で、その数は4万2510人、グループ数が712です。60人ぐらいの集団で、公道で信号無視や蛇行運転をしていたのですから、想像するだけで戦慄します。

これはえらいことになったと怯《おび》えていると、集団の奥のほうから僕の名前を呼ぶ声が聞こえます。姿を現したリーダーは、小学校の同級生でした。ぐいぐい距離をつめてきていた不良たちは、リーダーが親しげに話しかける僕から徐々に離れていきます。暴走族は権力関係がはっきりした統率のとれた集団です。リーダーの旧友をないがしろにできません。まるでモーゼが割った海のように、不良の集団が真っ二つになり、そこに一筋の道ができました。

こうして僕は奇跡の生還を果たしたのです。

最近では、暴走族風の集団は、赤信号できちんと停車しています。ルールを守れる若者なのですね。また、ガリガリの不良という矛盾した存在を見かけることもあります。きっと特保のお茶でも飲んでいるのでしょう。そんな平成の世を生きているみなさんには理解しがたいかもしれませんが、かつての不良は本当によく暴力を振るっていたのです。

歴史からは多くのことが学べます。しかし、成功だけに光を当て、失敗に目を向けないのであれば、歴史認識として間違っています。何より歪んだ見方は、その時代を懸命に生きた人たちに対して失礼です。一面しか見ない態度こそ、歴史の否定だと言えます。

小学生の頃、団地の下の階に住んでいた高校生のお兄さんが、『三丁目の夕日』の原作である漫画『夕焼けの詩』をくれました。こうした気軽な近所づきあいは、最近ではうとまれる傾向にあるのかもしれません。少年時代に繰り返し読んだ身としては、この漫画が昭和30年代の明るさだけではなく、同時に暗さを描いていたことをお伝えしたいと思います。

未来に希望はありますか

「ぜんぶ景気のせいだ」。若者が未来に対して希望を持てない原因は、数年前のJR SKI SKIのキャッチコピー「ぜんぶ雪のせいだ。」になぞらえるなら、このように表現できそうです。バブル期に入社した上司から就活の思い出話を聞いてしまったりすると、なおさら、好景気だったらこんなに苦労しなくて済むのにと思えてきます。

単に若者の雇用が不安定だったり、低賃金だったりするだけではありません。最近では、中年フリーターや下流老人といった言葉の広まりによって、中高年の貧困に注目が集まっています。若いうちだけではなく、中年になっても老人になっても、経済的に苦しい状況が続く可能性があるわけですから、将来を悲観する若者が増えるのは当然です。

景気が良くなってくれさえすれば、若者の雇用、中年フリーター、そして下流老人といった、世代を超えた問題が一挙に解決できます。目指すべきは「強い日本経済」の復活という気がしてきますね。

あまりにいい話だからこそ、慎重になって考える必要があります。バブル崩壊以降の経済状況は、常に「失われた」という形容と共に語られてきました。「失われた10年」ぐらいまでは、緊急事態を表現する言葉として説得力がありましたが、「失われた20年」ともなるとさすがに年数が長すぎて、言葉の意味がよく分からなくなってきます。20年も続くのであれば、それは非常事態ではなく、平常の状態と考えるべきです。

しかし、実際には、いつか景気が良くなるはずだという楽観的な願望に基づいて、さまざまな問題が先送りされてきました。その結果、深刻化した問題の典型が、中年フリーターです。リストラが社会問題になった2000年前後、企業は人件費を抑えるために、新入社員の採用を控えました。不況のつけを若者に回したのです。その上、若いうちは非正社員でも、景気が回復した時には正社員になるだろうという世の中の甘い見通しが対策を遅らせました。

さらに指摘しておきたいのが、中年の男性は正社員として働いているはずだという「常識」が、中年フリーターの存在を見えづらくしているという問題です。厚生労働省は、フリーターを「パート・アルバイトとして働く、15～34歳の男性と未婚の女性」と定義していま す。したがって、35歳以上の男性がアルバイトを続けていても、フリーターとして統計的に把握されないわけです。

この定義によって取りこぼされているのは、中年男性だけではありません。夫婦ともにアルバイトで生計を立てている家庭は、経済的に苦しいはずです。しかし、既婚の女性はフリーターとして数えられません。一方で、フルタイムで働く女性と主夫でパートとして働く男性の組み合わせの場合、家計は安定していても、定義上、この男性はフリーターです。現代の日本では、「男は仕事、女は家庭」というざっくりした旧式の区分を前提にしていると、実状を正確に把握できなくなっていることが分かります。

このまま中年フリーターの問題を放置すれば、年老いた彼らは食うや食わずの生活を送る下流老人になるでしょう。景気の見通しがどうであれ、問題の先送りによる負の連鎖を、今すぐに止めなければなりません。さもないと、事態はさらに悪化するだけです。将来につけを回せば回すほど、若者は将来に絶望するしかなくなります。

勘違いしないで欲しいのですが、経済成長が不要だと言いたいのではありません。すべての世代に共通する貧困の問題に対して、経済政策を抜きに議論をするのであれば、どれだけ高い理想を掲げても机上の空論になってしまいます。

強調しておきたいのは、政策を決める際には、経済成長について、最善のケースだけを考えて話を進めずに、最悪のケースも想定しておかなければならないということです。楽観は希望に直結するものではありません。場合によっては、その先にある絶望を覆い隠す危険性さえあります。「失われた30年」など誰も迎えたくないはずです。

こうしてちょっと落ち着いて考えてみると、未来を希望のあるものにするためには、「ぜんぶ景気のせいだ」では雑すぎることが分かります。少し長くなってしまいますが、まずは「ぜんぶ景気回復の一手で解決しようとしたせいだ」と言い直すことから始めるのが良さそうです。

人とのつながりを大切にしなきゃダメですか

2012年の秋、内閣府・神奈川県主催の「江の島会議2012 男女共同参画フォーラムIN 神奈川」に呼んでいただきました。パネリストは大学教員や企業の経営者です。全体での議論に入る前に、パネリストが一人ずつ話す時間があったのですが、サイボウズの社長・青野《あおの》慶久《よしひさ》さんが多様な働き方を実現させて、離職率を大幅に下げた事例を紹介していました。

僕は働きすぎや過労死の問題に関心があったので、会社が決めた働かせ方を社員に押しつけるのではなく、自分のライフスタイルに合わせて社員が働き方を選べるサイボウズの仕組みにはとても興味を持ちました。青野さんも僕が話した男性ならではの「生きづらさ」や会社員を社会人と呼ぶのは間違っているといった男性学の視点に興味を持ってくださり、オウンドメディア（自社メディア）のサイボウズ式で対談をしようと声をかけてくださいました。

　こうした経緯があって実現した青野さんとの対談は、「少子化が止まらない理由は『オッサン』にある？――『男性学』の視点から『働き方』を考える」というタイトルの記事にまとまります。２０１３年５月30日に記事が公開されると大きな反響を呼び、TwitterやFacebookなどのＳＮＳでも拡散されました。日本史上もっともＳＮＳで男性学というワードがつぶやかれた日なので、５月30日を「男性学記念日」と名づけることに決めました。

　しばらくすると、『ＡＥＲＡ』の記者の方から取材の依頼がきました。働き方について取材を進める中で、青野さんから男性学を専門とする僕に話を聞いてみるといいと言われたそうです。これをきっかけに、『ＡＥＲＡ』との接点ができました。『ＡＥＲＡ』は２０１４年の夏に大特集「男がつらい」を組みましたが、その中の「徹底討論　男が自然体で生きるには」という座談会に呼ばれました。青野さんも来ていましたし、ここでファザーリング・ジャパンの安藤哲也《あんどうてつや》さん、専業主夫ブロガーで漫画家の宮内崇敏《みやうちたかとし》さん、それから世田谷区長の保坂展人《ほさかのぶと》さんとお会いしました。

さらに、『ＡＥＲＡ』で連載されている「小島慶子の幸複論」では、小島慶子さんと「なぜ中高年の男性が性教育はあぶないと異様に警戒するのか」について話し合いました。生殖は女性だけではなく、男性の問題でもあります。しかし、企業が男性に求める働き方は、男性と生殖を切り離したものです。だから、男性は育休を取れませんし、仕事中心の生活をしていると、男性自身も自分の性と生殖をむすびつけて認識できなくなってしまいます。その結果、中高年男性は、性教育がいやらしいといった間違ったイメージを持つのです。この結論に小島さんはとても感心してくれました。その後、小島さんの推薦で「日本を突破する１００人」の一人として『ＡＥＲＡ』（２０１４年12月29日‐２０１５年１月５日合併号）に僕の名前が載ることになります。

青野さんとの対談がヒットしたこともあって、サイボウズ式では対談の第２弾が企画されました。しかし、同じことを繰り返してもおもしろくないと考えた青野さんが、ジェーン・スーさんに白羽の矢を立てます。スーさんは僕と青野さんとの対談をTwitterのフォロワーの方から紹介されて、「男のプレッシャーについて分かりやすく書かれてる。男の人あんまりそこのしんどさについて喋らないからねー」という感想をＳＮＳに書いてくれていました。スーさんは２０１４年に武蔵大学の学園祭に来てくれましたし、僕の初の一般書『男がつらいよ――絶望の時代の希望の男性学』の帯文も書いてくれました。「男がつらくなくなれば、女も少しは楽になる！　だって男のプライドの皺寄せは、女子供にもくるんだもの。」。女性の問題と男性の問題はつながっていますから、これを読んで「まさに！」と膝を打ちました。

わずか数年の間にいろいろな方との接点ができたことで、僕の活動領域は大学だけに限らなくなりました。ビジネス書などにも、人とのつながりが仕事の幅を広げる、だから人とのつながりを大切にしなさいと書いてあります。

しかし、人脈作りだけに励んでも無意味です。僕の場合は男性学でしたが、つながりを通して自分が何か相手に伝えられるものがあることが必要なのです。「ギブ」できるから「テイク」があります。やみくもに交流を広げるよりも先に、まずは、目の前の仕事に真剣に取り組んでください。いろいろな人との出会いを通して、僕が何より勉強になったのは、社会全体の中における男性学の意義を確認できたことです。人とのつながりは、自分が取り組む仕事の価値を教えてくれます。ビジネスチャンス云々《うんぬん》は二の次です。

これからは地方の時代ですか

ブランド肉に魚介類、それから果物、こうした豪華な返礼品が自宅に届くということで、ふるさと納税が話題になっています。実際に試してみた方もいるのではないでしょうか。普段の暮らしの中では、メディアに頻繁に登場する大都市や観光地以外に目を向ける機会がなかなかありません。しかし、農業、漁業、畜産業などは人々の暮らしを支える大切な仕事です。過疎と高齢化による地方の衰退は、実感はできなくても、直接、都市での生活にも関係しています。こうした日本全体で取り組まなければならない問題に興味を持つきっかけとして、ふるさと納税には期待ができそうです。

さて、お手元のスマホで、「○○○（自分の生まれ育った市区町村名）ふるさと納税」と検索してみてください。結果はどうでしたか。僕もやってみましたが、ウェブサイトには謙遜ではなく、まさに文字通りの「粗品」が数量限定という注意書きと共に掲載されていました。検索前の「何がもらえるのだろう」というワクワク感は一瞬にして吹き飛び、こんなに財政的に困っているんだなと悲しい気持ちになりました。情に訴えられて納税するほど愛着がありませんし、だいたい暴走族にからまれた嫌な思い出もあるので、そっとスマホのブラウザを閉じてそれっきりです。

ふるさと納税は地方の魅力をアピールする貴重な機会です。特産物がない地域でも、納税してもらうためには、他の自治体と競争しなければなりません。それが刺激となって、ご当地のゆるキャラやB級グルメのような新しい名物が生み出される可能性があります。また、餃子《ぎょうざ》の消費量や夏の最高気温のような地域の特性が、新たに発見されるかもしれません。

ただ、元々の財力に違いがありすぎます。「創意工夫だ！」「アイデアを絞り出せ」というのは正論ですが、魅力的な商品を持っていない自治体に「知力で勝負せよ」と言って同じ条件で競わせるには、あまりにハンデが大きいのではないでしょうか。下手をすれば現にある自治体間の格差を、さらに広げる結果になりかねません。せっかくアイデアは素晴らしいのですから、継続していく中で、もう少しやり方を考えて欲しいものです。

そもそも、地方の抱えている問題は、過疎と高齢化です。仮にふるさと納税をたくさん集められたとしても、地域に若者が増えなければ、根本的な解決にはつながりません。地方の若者は東京、大阪、そして名古屋といった大都市に仕事を求めて地元を離れていきます。仕事がないかぎり、流出は止められません。人が溢れる都市で会社員として働いていると、旅行先の環境が気に入って、こんなところで暮らしてみたいなと思うこともあるでしょう。しかし、実際に移り住もうとまではしないはずです。いくら自然の豊かさや土地の広さのような魅力を強調しても、やはり仕事がなければ、若者の流入を期待するのは無理です。

地方に仕事がないならば、自分で仕事を持って行くという手があります。「働くこと」が「会社に雇われて働くこと」とほぼ同じ意味になってしまっているので、想像しにくいかもしれませんが、作家や漫画家といった職業の人たちがこのやり方を実践しています。元大学教員で作家の森博嗣《もりひろし》さんもその一人です。森さんは会って話をするのは仕事を進める上で効率が悪すぎるという考えから、出版社とのやり取りをすべてメールで済ませているそうです。直接会って話をしなければ、都市との距離は問題になりません。

人間のコミュニケーションは、文字だけではなく、声のトーンや身振り手振りも含めて成り立っています。メールやSNSでは文字とせいぜい絵文字しか表現の方法がないので、その分だけ誤解が生じる危険性があります。森さんは感情をそぎ落として、仕事に関係する内容を端的にまとめたメールを書いているのでしょう。重要な用件は電話でというようなビジネスマナーの「常識」に縛られていると、用件だけを書いたメールを送るのは躊躇《ためら》われるはずです。しかし、こうした一般の人には不可能な割り切りが、作家としての魅力を高めていると僕は考えています。

会社員にしても、どこにいてもできる仕事をわざわざ職場でやる理由はありません。時間と場所に拘束されない働き方を多くの企業が採用すれば、会社に勤めたままでも、都市と地方を自由に行き交うことができるようになります。少子化で若い世代の数が減っているのですから、都市と地方で若者を奪い合っている場合ではありません。求められているのは、地方の時代ではなく、都市と地方の垣根が取り払われた時代です。

グローバル化にはどう備えればいいですか

TOEICの点数を定期的に報告させたり、昇進の条件にしたりする会社が増えているようです。語学だけではなく、統計学などもそうですが、学生時代の勉強は意外に会社員になってから役立つ場面があります。学校でもっと真面目に勉強しておけばよかったと悔やんでも、すでに就職しているのですから後の祭りです。会社から強制でもされないと、やる気が起きないでしょう。もし英語力が要求されているのであれば、いい機会だと思って忙しい時間の合間を縫って勉強に励んでください。仕事に使うという明確な目的があるのですから頑張れるはずです。

国際的なビジネスの場では、標準的に英語が使用されています。したがって、みなさんにとっては、グローバル化と言えばまずは英語という印象があるはずです。しかし、英語圏はあくまで世界の一部にすぎません。よく言われることですが、洋服のタグを見るだけでも、日本で暮らす人々の生活が、いかにさまざまな国との関係で成り立っているかが分かります。

グローバル化する世界では、言葉だけではなく、文化や価値観の違いをふまえて行動することが求められます。したがって、自分の仕事に直接的に関わる範囲だけでグローバル化を理解しようとするのは無理です。グローバル化は生活全般に影響する現象だからです。例えば、みなさんは日本で働く外国人家庭の子どもたちが、どのような生活をしているのかを考えたことはありますか。

15年以上前の話になりますが、大学院生だった頃に、横浜中華街近くの中学校で聞き取り調査をしたことがあります。中国人の生徒たちが、学校での生活で何に困っているのかを明らかにするためです。一番苦労しているのはやはり日本語でした。まったく話せない子はもちろん大変です。しかし、先生や友だちとの日常会話はスムーズにできる子でも、方程式や関数といった専門的な言葉になると理解が難しく、結果的に勉強が遅れてしまうことが分かりました。

各地の学校では、言葉の壁が学習の妨げにならないように、国際教室を設けて外国から来た子どもたちをサポートする取り組みがなされています。国際教室は現場の先生たちの頑張りが頼りで、十分な支援がなされているとは言えません。日本で働く外国人の方が増えれば、当然、一緒にやって来る子どもたちも多くなります。行政に任せるだけではなく、さまざまな国の人が働く企業では、当事者としてこの問題を考える必要があります。

日本の大学で研究をする留学生の数も、ここ10年ほどの間に飛躍的に増加しました。留学生の場合は、自分の意思で来日しているので、驚くほど日本語が上手なケースが少なくありません。また、苦手であっても前向きに日本語を勉強する意欲があります。

講義の冒頭で、前回の授業の感想を紹介しているのですが、同じ教室に留学生がいるおかげで、外国の恋愛事情や若者文化を知る機会を提供できています。オタクについて考えた授業の後では、ネパールから来た学生が、「自分の国では、スパイダーマンやX－MENのようなアメコミが好きでもバカにされませんが、日本のアニメ好きはオタクあつかいです」と書いてきました。また、台湾から来た学生は、２０１４年に男子大学生が台北の地下鉄で起こした無差別殺傷事件に関して、犯人は暴力的なゲームが好きなオタクだという報道があったと教えてくれました。
日本以外の国でも、否定的なオタクイメージが共有されているとなると、僕自身も研究者として興味がわいてきます。オタクを「おかしい」と差別する国では、それによって、どのような「普通」の男性像が作り出されているのでしょうか。

残念なのは、留学生が提供してくれる話題に興味を持っているにもかかわらず、日本の学生は、彼ら／彼女らとあまり積極的に交流をしていないことです。文化や習慣の違いは、簡単に摩擦や対立につながります。その意味では、違いを楽しめる若い世代の学生たちは、グローバル化の時代にふさわしい感性を持っていると言えます。しかし、さまざまな背景を持つ人が一緒に暮らす世界では、傍から見ているだけではなく、文化や習慣の違いを主体的に受け入れる必要があります。グローバル化に対する備えとして最も重要なのは、こうした積極的な寛容さを身につけることです。

政治に関心を持つ必要はありますか

『ドラえもん』の人気キャラクターであるジャイアンは、こう言いました。「おまえのものはおれのもの、おれのものもおれのもの」と。のび太はジャイアンにマンガを返して欲しいと頼みます。自分の物を人に貸しているのですから、返してもらうのは当然です。しかし、ジャイアンは、「おまえのものはおれのもの」と宣言して、マンガはのび太の物ではないと線引きをします。それでも、続くセリフが、「おれのものもおまえのもの」なら、まだマンガは、のび太とジャイアンの共有物になる可能性がありました。私有財産制の否定でしょうか。

しかし、ジャイアンは、そうは言わずに、「おれのものもおれのもの」と主張し、人からは物を奪っておきながら、自分は相手に何もあたえないと宣言したのです。強引にマンガの所有権に関する境界線を変更し、独自にルールを決めるジャイアンは、まさに暴君として君臨するのにふさわしい人物だと言えます。

この本を読み進めてきたみなさんは、すでに思いっきり政治の問題に足を踏み入れていきます。国会のニュースをチェックしたり、選挙で投票したりするだけが、政治ではありません。社会学では、権力のあるところに政治があると考えます。

したがって、のび太とジャイアンのやり取りは、政治的な関係としてとらえることができますし、職場でのパワハラやセクハラはもちろんのこと、パワハラやセクハラをなかったことにしようとする圧力も政治的な問題です。他にも、社内政治という言葉があるように、出世レースや不祥事が起きた際の責任のなすりつけ合いなども、職場における政治の典型的な例だと言えるでしょう。関心を持とうが持つまいが、会社員として働いているだけで、政治的な駆け引きの中に巻き込まれているのです。

このように考えると、社会や会社から期待される型に自分をはめ込んで仕事をするから会社員として成長できるし、会社の利益も上がるという「正論」は、極めて政治的な発言であることが分かります。個人の生活の状況を無視して、男性社員は仕事に専念するべきだという「常識」を、一方的に強要しているわけです。政治的な主張である以上、交渉の余地はありますし、何より社会の状況に合わせてルールを変えていくべきです。

残業や赤ちゃんの世話で睡眠不足だろうが、台風や雪の影響で電車が運休していようが、子どもが熱を出していようが、特別な理由もなく単に働きたくない気分だろうが、いつもの時間に、お決まりのネクタイにスーツという姿で、満員電車に乗る三悪に縛られた男性社員の毎日は、絶対に変えることのできない「現実」ではありません。

かつてのように、会社のために働けば家族全員の生活が保障されるような時代ではなくなりました。生活のすべてを捧げるだけの見返りを、すでに会社は保証できません。また、高齢化と少子化が同時に進行する日本では、労働力が不足します。そこで、新たな働き手として女性と外国人が注目されているわけです。性別や国籍に関係なく、快適に働ける環境を提供できない企業は、確実に人材の確保に苦労することになります。こうした社会の変化を無視して、画一的な働き方を男性社員に強いることが、まさに老害の根本的な原因です。企業の生き残りのために、そして、何より社会を回していくために、仕事中心の男性の生き方を見直し、次世代へスムーズにバトンをつなげていく必要があります。

やっぱり、政治は面倒臭いと思ったかもしれません。だいぶ大きな話になったので、自分には何もできないと感じた方もいるでしょう。しかし、それほど政治を難しく考えなくても大丈夫です。働いていれば、長すぎる勤務時間、家庭との両立、あるいは自分の時間が持てないなど、悩みや葛藤は誰にでもあります。それが個人的な問題ではなく、自分が男性だからこそ抱えてしまう、男性に共通した問題なのかもしれないと想像を膨らませることができれば、政治に当事者として関わりを持っていると言えます。

もちろん、年齢や家族構成によって、解決したい問題の優先順位は変わってきます。折に触れて、この本を読み直してください。きっとその度に新たな発見があるはずです。そして、悩みや葛藤があっても、自分の責任ではなく、社会のせいかもしれないと考えてみて欲しいと思います。政治的な問題は生活の中にあるのです。

どうして多様性を認めなきゃいけないんですか

日本の企業でも、ダイバーシティ・マネジメントの観点から、多様な人材の活用が進められています。こうした取り組みは、女性から始まり、外国人、障碍者、そして、現在では、LGBT（レズビアン、ゲイ、バイセクシャル、トランスジェンダー）にまで範囲が広がっています。部下の立場で上司について考えれば、性別、年齢あるいは人種に関係なく、権力を使いこなせる人が管理職になってくれるのが理想的です。経営者の立場から考えると、すべての社員に同じことが言えます。個人の属性にこだわらないフラットな視点は、会社運営に欠かせないものなのです。

しかし、これまで見てきたように、女性管理職が少なく、パワハラやセクハラがはびこる日本の会社は文字通りの男社会です。そのため、多様性を「認めてあげる」やマイノリティに「配慮してあげる」というスタンスの男性もいます。人によっては、どうして多様性を受け入れる必要があるのかという疑問も浮かんでくるでしょう。今後、このような他人事感覚は、時代に合っていないと批判されることになると思いますが、それよりも、問題として指摘したいのは、男性も当事者であるという自覚がないことです。

僕は幅広い世代の男性たちに聞き取り調査をしてきました。テーマは若者の性に対する意識、父親の仕事と家庭の狭間での葛藤、あるいは、定年退職後の生き方に関する悩みなどさまざまです。基本的にこちらから質問を投げかけますが、それ以外はなるべく口を挟まないようにして、1〜2時間にわたって、相手の言うことにしっかりと耳を傾けます。社会調査では、調査する側とされる側との信頼関係を重視するからです。

こちらからお願いして、貴重な時間を割いてもらっているにもかかわらず、インタビューをすると感謝されることが少なくありません。確かに、人に自分の話をすることは、考えの整理になります。就活中の学生から自己分析に使いたいとお願いされて、録音した音声ファイルを渡したこともありました。それ以上にありがたがられたのは、単純に僕が真剣に話を聞いたことに対してです。とりわけ中高年の男性は、普段の生活の中で、ゆっくりと自分の話を聞いてもらえる機会があまりないのではないかと感じました。

一日のほとんどを過ごす職場でのコミュニケーションは、仕事を効率的に進めるためのものです。しかも、会議などでは、自分が話をしていても、割りこまれたり、否定されたりすることが多々あります。当然ですが、息抜きのための私語は、ほどほどにする必要がありま す。飲み会の席で発散すると言ったところで、お酒が入って何を話したのかも覚えていないような状況で、真面目な話などできません。確かに、大人の男性が語る真剣な人生についての話を、誰も聞いてはくれないのです。

多くの人の語りに耳を傾けてきたことで、個々の調査結果とは別に、インタビューに協力してくれたすべての方に共通する重要な事実に気がつきました。誰の人生にも独自性があり、おもしろく、そして、意味があります。だから、誰もが人として尊重され、敬意を払われなければならないのです。もちろん、いまこの本を読んでいるみなさんの人生にも価値があります。

多様性をないがしろにすることは、尊重されなくてはいけない個人の人生を否定することです。多様性を認めることは、他人のためだけではなく、自分が人として尊重されるためにも必要なことです。多様性についての議論は、すべての人が当事者だと言えます。

渋谷区と世田谷区では、同性カップルのパートナーシップを認める証明書が発行されるようになりました。2015年から、僕は渋谷区男女平等・多様性社会推進会議の委員を務めているので、証明書を発行する現場に身を置いています。

この仕事を引き受けるにあたって、ゲイの若者からインタビューで聞いた話を思い出しました。勇気を出して親に同性愛者であるとカミングアウトした時、親は彼の言葉にまったくリアクションをせず、完全に無視をしたそうです。別の男性は、親に「そうなのかもしれないけど、『普通』に女の子と結婚しようね」と言われた、と語っていました。多様性の否定が、どのようにして人生の否定につながるのか、具体的に分かったと思います。パートナーシップ証明書の発行は、まだ一部の自治体で始まったばかりの取り組みですが、多様性が認められる社会の実現のために、ぜひ当事者の一人として関心を持ってください。

結局、社会は変わりませんよね

男性はフルタイムで働き、結婚して妻子を養うのが「常識」とされています。男性が仕事を辞めないことを前提に、会社も家庭も成り立っているのです。仕事中心の男性の生き方は、日本社会を動かしている根本的な仕組みになっています。男性が働かないという選択肢を考えだすと、このシステムが揺らいでしまうので、仕事を続ける中で直面する男性が男性だからこそ抱える悩みや葛藤は「ないこと」にして社会は回ってきました。ですから、男性の生き方が変われば、間違いなく社会は大きく変わります。

2000年代後半に、草食系男子が流行語になったことからも分かるように、最近の若い男性の特徴は「やさしさ」です。みなさんは、育児休業を取る男性や主夫として家庭で役割を担う男性を見下したり、蔑んだりはしないはずです。それだけではなく、何の理由もなしに働かない無職の男性がいても問題はないと思っているかもしれません。

しかし、自分が育休取得、主夫、あるいは無職といった選択をする可能性があると想定しているでしょうか。自分には関係ないけど、そういう男性がいてもいいとは考えているのだとすれば、一見するとやさしく柔軟な態度は、寛容であることは確かですが、あくまで無関心がベースにある消極的な寛容にすぎません。自分には関係ない存在として、「フルタイムで働き、結婚して妻子を養う」というイメージに当てはまらない男性を「例外」扱いすることは、男性に40年間にわたって画一的な生き方を強いる社会の仕組みの延命につながります。

本屋の棚には、「誰でもなりたい自分になれる」や「人間は一瞬で変わることができる」といったようなタイトルの書籍がたくさん並んでいますが、実際には、自分が馴染んできた生き方を変えることに、人は抵抗を感じるものです。アンケート調査で、大学生に「自分を変えたいか」という質問をしました。「変えたい」と思う学生は3割程度しかおらず、7割以上が「変えたくない」と回答しました。

調査では、大学入学をきっかけに見た目や態度を変える「大学デビュー」についても尋ねました。大学デビューは、人が新しい自分になろうとすることを馬鹿にするための言葉だと思っていたのですが、他人が大学デビューすることに対しては、肯定が8割で、否定はわずか2割にとどまりました。要するに、他人が変わるのは構わないけど、自分は変わりたくないというわけです。ほとんどの大学生は、「ありのままの自分」を認めてもらうまでもなく、「いまのままの自分」に満足していると言えます。

社会を変えるのが難しい理由も同じです。社会心理学の知見では、実際に社会に問題が生じている場合でも、それが現状だからという理由だけで、人は社会のその状態を「正しい」と考えてしまう傾向があると指摘されています。多くの人が現状維持を望み、「いまのままの社会」でいいと考えているかぎり、社会は変わらないのです。

「いまのままの社会」は、男性に一つのパターンの生き方しか認めていません。これがいかに現実の多様さを無視したシステムなのかを、まずは自分が実感する必要があります。そのためには、フルタイムで働き、結婚して妻子を養うというパターンに当てはまらない、さまざまな立場や価値観の男性と実際に会って、言葉を交わしてみることが役立ちます。

50歳の時点で一度も結婚していない男性は、いまや5人に1人です。みなさんの会社に中高年の独身男性がいるなら、ぜひ食事にでも連れて行ってもらって、プライベートな会話をしてみてください。結婚していないだけで、職場では「性格に問題あり」や「変わり者」というレッテルを貼られているかもしれません。しかし、実際にじっくりと話をすれば、それが単なる偏見であり、結婚しているかどうかで人を評価することの無意味さが分かります。同じことは、男性と女性、中高年と若者、日本人と外国人、そして、異性愛と同性愛といった区別にも言えます。

多様な人が一緒に生きる社会を実現するためには、単に違いを認めるだけではなく、お互いを尊重し、受け入れようとする寛容さ、つまり積極的な寛容が求められます。現代の日本は、少子高齢化が進んでいるにもかかわらず、円滑な世代交代が遅れ、企業だけではなく、社会全体が若者につけを回す状況になっています。社会が変わらなければ、損をするのはみなさんです。自分を変える勇気を持って、一緒に社会を変えていきましょう。

さいごに――男が働かなくてもいいですか

もちろん、働かなくても大丈夫です。日本では、男性は学校を卒業後、すぐに就職して、定年退職までは働き続けるのが「常識」になっています。そして、会社員として働いている間は、週5日40時間が「最低限」で、それ以上の労働が「普通」に求められます。本来は、週5日40時間が「基本」で、これを超えた分は、「時間外労働」です。しかし、長時間労働が「当たり前」なので、まるで「甘え」や「綺麗事」を言っているように聞こえてしまいます。これだけこじれてしまうと、一度、男性の働き方についての「常識」をリセットするしかありません。

そのために、ここで高らかに宣言します。

働く、働かないは自分が決める。

仕事は人生の一部であるという当然の事実さえ見失っている男性がたくさんいます。働くことを「当たり前」だと考えていると、特に働く理由を考える必要がありません。会社に入ってからの生活は、学校のように節目が明確ではないので、自分がどうして働くのかを考えなければ、漠然と月日だけが過ぎていってしまいます。

人生は自分の自由に生きるものです。せっかく80年という貴重な時間が与えられているのに、やりがいもなく、社会にも認められないような仕事に、人生の半分である40年もの時間を費やしてしまってもいいのでしょうか。出世レースに明け暮れても、肩書や社会的地位は、生涯にわたって安心感を与えてはくれません。退職すれば誰もが無職です。そして、定年退職して以降も人生は続いていきます。

みなさんは働くかどうかを自分で決める権利を持っています。学校を卒業する際に、どこで働いて、何をするかを自分で決めたと思います。想像したこともないかもしれませんが、同じように、働かないという選択肢が自分の手の中に存在しているのです。

会社で働いていてもやりがいが感じられず、何をしているのかよく分からなくなった時、あるいは、働くことに疲れ果てて、会社に行きたくなくなった時、何があっても働き続けるしかないという「常識」的な考えにとらわれていると、手ごたえのなさやつらい気持ちは胸の内に仕舞っておくしかありません。それでは苦しみは増すばかりです。

それでも弱音を吐かない男性は、確かに「男らしい」でしょう。しかし、そうした「男らしさ」が男性たちを傷つける危険性については、すでにこの本の中でふれました。ぜひ悩みや葛藤を人に打ち明けてください。情けないなどと思う必要はありません。再び自分の力で立てるようになるためにも、男性だろうが女性だろうが、つらい時にはつらいと口に出して、人に支えてもらうべきです。

いまの仕事を辞める人生もあると仮定すれば、素直に自分の気持ちを見つめられます。そして、自分で働くか働かないかを決めるからには、どうして働くのかを真剣に考えなければなりません。男が働かないなどと言い出すと、白い目で見られてしまいそうですが、働かないという選択肢を視野に入れることで、逆に、仕事に対して正面から向き合えるのです。何も考えずにただ働いているほうが、仕事に対してよほど不誠実な態度だと言えます。

働く理由がすぐに見つかることはないでしょう。大切なのは、簡単に答えが出なくても考え続けることです。考えるのをやめてしまえば、男性は仕事中心の生活を送るべきだという「常識」に一瞬で飲み込まれてしまいます。

もちろん、一人で答えを出さなくても大丈夫です。今後は、男性には男性ならではの悩みや葛藤があるという認識を広めるだけではなく、男性がもっと気軽に悩みを相談したり、真面目な話を共有したりできる場を増やしていく必要があります。その認識を広めるのが僕の役割なのだと思います。

男性学の知識を身につけただけでは、生き方を変えることはできません。若いみなさんには、まだたくさんの時間が残されています。それに、若さとは、自分のことだけを考えられる特権的な期間です。実際に行動をして、試行錯誤を繰り返しながら、自分なりの価値観を育んでください。「男が働かない、いいじゃないか！」とビジネスマンのみなさんが心から言える日を迎えるために、前を向いていきましょう。

おわりに

本書の帯には、田中光先生のマンガ『サラリーマン山崎シゲル』の中からの一コマを使用させていただきました。快くご許可してくださった田中先生に、心より感謝いたします。この本は、『男が働かない、いいじゃないか!』というタイトルであっても、けっして仕事に対して手を抜いたり、怠けたりするのを薦める内容ではありません。まして、会社を辞めようなどと主張していないことは、通読していただければお分かりだと思います。若手の会社員がやりがいを持って働き続けられるかどうかは、仕事の中身はもちろんですが、それ以上に職場環境の影響が大きいでしょう。その点で、一見すると冗談のような部長と山崎シゲルは、実は理想的な上司と部下の関係なのです。

マンガの中では、「ほんと仲良しよね〜」と同僚の女性社員たちがささやいている描写もありますが、部長と山崎は会社だけではなく、通勤電車や飲み屋でも会話を交わしています。実際には、電車内で上司を見つけても、寝たふりをしたり、スマホをいじって気づかないフリをして誤魔化したりする人は少なくないはずです。さらに、山崎はしばしば部長にプレゼントを贈ります。品物自体はどのような使い道があるのかよく分からないものばかりです。しかし、山崎が部長に好感を持ち、上司として信頼しているのは間違いありません。

一方の部長は、いろいろと仕掛けてくる山崎に対して、怒るでも見捨てるでもなく、しっかりと受け止めて必ずリアクションをします。部長は単に山崎がどれだけ仕事をしているのかに目配りをしているだけではなく、彼の個性を見極め、気持ちよく働けるように適切に対応しているのでしょう。直接的に描かれることはありませんが、部下としての山崎の仕事ぶりを信頼しているからこその関係だと想像できます。

いまの日本の企業は、仕事の生産性や効率ばかりを追い求めすぎです。余裕を失ってギスギスした雰囲気の職場で、本当に成果をあげることができるのでしょうか。無駄として切り捨てられがちな部長と山崎のようなやり取りの中でこそ、上司と部下の信頼は育まれます。『サラリーマン山崎シゲル』が広く読者を獲得したのは、ギャグマンガとしての面白さはもちろんのこと、働く人たちの追い求めている上司と部下の理想的な関係が、わずか一コマの中で豊かに表現されているからです。若い男性たちに希望を持って働いてもらうことを意図した本書の帯に、これほどふさわしいマンガはありません。

２０１４年の秋、講談社の編集者である新井公之さんから、若い世代の男性のために、働き方についての新書を書きませんかと声をかけていただきました。男性学を研究する立場から、仕事中心の男性の生き方を変えたいと思っていたので、一般の方たちが手に取りやすい新書でこうした内容を書けるのは本当にありがたいことだと考え、二つ返事で引き受けました。

最初の打ち合わせの際、新井さんは『男が働かない、いいじゃないか！』というタイトルの入った企画書を、僕の目の前に出してきました。「男性は仕事中心の生き方を見直すべきだ」は、「男が働かない、いいじゃないか！」と言い換えることで、より多くの人に届くと確信しました。タイトルから始まり、新井さんの鋭く、的確なご指摘と温かい励ましのおかげで、最後まで書き上げることができました。

本文中で名前をあげさせていただいた青野慶久さん、安藤哲也さん、小原一隆さん、清田隆之さん、小島慶子さん、ジェーン・スーさん、高畑勲さん、田中哲司さんにもお礼を言いたいと思います。みなさんとの出会いが、本の内容に厚みをもたせてくれました。ありがとうございます。

執筆中の1月中旬に、予定よりも3週間はやく妻が出産しました。職場の方々のご理解とご協力もあって、出産の場に立ち会うことができました。武蔵大学のみなさんのおかげです。とりわけ、僕が穴をあけてしまった仕事をフォローしてくださった南田勝也先生には感謝しています。男として生きる息子のためにも、教育者として、研究者として、そして、父親として男性学を通じて社会に貢献していきます。それにしても、物心がついた時、『男が働かない、いいじゃないか！』というタイトルの本を自分の父親が書いたことに対して、息子はどう思うのでしょう。誰にとっても未来が希望のあるものでありますように。最後までお読みいただき、ありがとうございました。

２０１６年３月

田中俊之

参考文献

青野慶久『チームのことだけ、考えた。――サイボウズはどのようにして「100人100通り」の働き方ができる会社になったか』ダイヤモンド社
荒川和久『結婚しない男たち――増え続ける未婚男性「ソロ男」のリアル』ディスカヴァー・トゥエンティワン
浅野智彦『「若者」とは誰か――アイデンティティの30年【増補新版】』河出書房新社
ベッカー、ハワード・S『アウトサイダーズ――ラベリング理論とはなにか』新泉社
バーガー、ピーター・L『犠牲のピラミッド――第三世界の現状が問いかけるもの』紀伊國屋書店
『社会学への招待』新思索社
バーガー、ピーター・L ザイデルフェルト、アントン『懐疑を讃えて―節度の政治学のために』新曜社
『退屈させずに世界を説明する方法―バーガー社会学自伝』新曜社
コンネル、レイウィン『ジェンダーと権力――セクシュアリティの社会学』三交社
Masculinities University of California Press
The Men and The Boys University of California Press
『ジェンダー学の最前線』世界思想社
Masculinities Second Edition University of California Press
デュルケム、エミール『社会学的方法の規準』岩波書店
江原由美子『ジェンダー秩序』勁草書房

藤子・F・不二雄『ドラえもん』第33巻 小学館
藤田孝典『下流老人――一億総老後崩壊の衝撃』朝日新聞出版
深川英雄『キャッチフレーズの戦後史』岩波書店
深澤真紀『平成男子図鑑――リスペクト男子としらふ男子』日経BP社
玄田有史『仕事のなかの曖昧な不安――揺れる若年の現在』中央公論新社
ギデンズ、アンソニー『親密性の変容』而立書房
ゴッフマン、アーヴィング『行為と演技――日常生活における自己呈示』誠信書房
長谷正人・奥村隆編『コミュニケーションの社会学』有斐閣
長谷川公一・浜日出夫・藤村正之・町村敬志『社会学』有斐閣
橋本健二『「格差」の戦後史――階級社会 日本の履歴書』河出書房新社
広田照幸・伊藤茂樹『教育問題はなぜまちがって語られるのか?――「わかったつもり」からの脱却』日本図書センター
細谷実『〈男〉の未来に希望はあるか』はるか書房
池上知子『格差と序列の心理学――平等主義のパラドクス』ミネルヴァ書房
井上輝子『女性学への招待［新版］――変わる／変わらない女の一生』有斐閣
『新・女性学への招待――変わる／変わらない女の一生』有斐閣
伊藤公雄『男性学入門』作品社

『「男らしさ」という神話――現代男性の危機を読み解く』日本放送出版協会
岩間暁子・大和礼子・田間泰子『問いからはじめる家族社会学――多様化する家族の包摂に向けて』有斐閣
株式会社PARCO『オレアナ』パンフレット
金子雅臣『壊れる男たち――セクハラはなぜ繰り返されるのか』岩波書店
柏木惠子『父親になる、父親をする――家族心理学の視点から』岩波書店
加藤秀一『知らないと恥ずかしい　ジェンダー入門』朝日新聞出版
小島慶子『大黒柱マザー』双葉社
熊沢誠『能力主義と企業社会』岩波書店
黒井千次『働くということ――実社会との出会い』講談社
三瓶恵子『人を見捨てない国、スウェーデン』岩波書店
宮台真司『制服少女たちの選択』講談社
森博嗣『自由をつくる自在に生きる』集英社
『「やりがいのある仕事」という幻想』朝日新聞出版
森岡正博『生命学をひらく――自分と向き合う「いのち」の思想』トランスビュー
『常識にとらわれない100の講義』大和書房
『草食系男子の恋愛学』メディアファクトリー
内藤朝雄『いじめの構造――なぜ人が怪物になるのか』講談社

中牧弘允『会社のカミ・ホトケ』講談社
NPO法人ファザーリング・ジャパン『新しいパパの働き方』学研教育出版
小川慎一・山田信行・金野美奈子・山下充『「働くこと」を社会学する　産業・労働社会学』有斐閣
小熊英二『社会を変えるには』講談社
大村英昭『死ねない時代――いま、なぜ宗教か』有斐閣
リアル、テレンス『男はプライドの生きものだから』講談社
『日本人の心の習慣――鎮めの文化論』日本放送出版協会
労働政策研究・研修機構編『データブック国際労働比較2015』
杉田敦『境界線の政治学　増補版』岩波書店
『権力論』岩波書店
多賀太『男らしさの社会学――揺らぐ男のライフコース』世界思想社
高橋祥友『中高年自殺――その実態と予防のために』筑摩書房
谷本奈穂『恋愛の社会学――「遊び」とロマンティック・ラブの変容』青弓社
筒井淳也『仕事と家族――日本はなぜ働きづらく、産みにくいのか』中央公論新社
内田明香・坪井健人『産後クライシス』ポプラ社
山岸俊男監修『徹底図解　社会心理学――歴史に残る心理実験から現代の学際的研究まで』新星出版社
柳沢正和・村木真紀・後藤純一『職場のＬＧＢＴ読本――「ありのままの自分」で働ける環境を目指して』実務教育出版

養老孟司『バカの壁』新潮社

参考ＵＲＬ

田中俊之×青野慶久「少子化が止まらない理由は『オッサン』にある？　『男性学』の視点から『働き方』を考える」http://cybozushiki.cybozu.co.jp/?p=8964
田中俊之×小原一隆「『残念な夫。』は本当に残念なのか？——ＴＶドラマを通じて考える『男性の苦悩』」http://cybozushiki.cybozu.co.jp/articles/m000900.html
田中俊之×ジェーン・スー「『年収＝人の価値』ではないはずだから　大人の男性に、立ち止まって考えてみて欲しいこと」http://logmi.jp/101902
田中俊之×ジェーン・スー「仕事以外にやることはある？　40男に突然の有給が与えられた場合」http://logmi.jp/102326
田中俊之×清田隆之「男に『言葉を届ける』のはなぜこんなにも難しいのか？　男性問題を問い直せない社会構造と、男型の〝演繹〟発想」http://mess-y.com/archives/22263
Fathering Japanイクボスプロジェクト http://fathering.jp/ikuboss/

田中俊之

武蔵大学社会学部助教。1975年生まれ。武蔵大学人文学部社会学科卒業、同大学大学院博士課程単位取得退学。博士（社会学）。学習院大学「身体表象文化学」プロジェクトPD研究員、武蔵大学・学習院大学・東京女子大学等非常勤講師を経て、2013年より現職。社会学・男性学を主な研究分野とする。「日本では“男”であることと“働く”ということとの結びつきがあまりにも強すぎる」と警鐘を鳴らしている男性学の第一人者としてメディアでも活躍。単著に『男性学の新展開』（青弓社）、『男がつらいよ』（KADOKAWA）、『〈40男〉はなぜ嫌われるか』（イースト新書）がある。

講談社+α《プラスアルファ》新書　723-1 A

男《おとこ》が働《はたら》かない、いいじゃないか！

田《た》中《なか》俊《とし》之《ゆき》

2016年3月17日第1刷発行

発行者―――――　鈴木 哲
発行所―――――　株式会社 講談社
東京都文京区音羽2-12-21 〒112-8001
電話 編集(03)5395-3522
販売(03)5395-4415
業務(03)5395-3615
帯装画―――――　田中 光『サラリーマン山崎シゲル』より（提供:PONY CANYON）
©Hikaru Tanaka by Grape Company
デザイン――――　鈴木成一デザイン室
カバー印刷―――　共同印刷株式会社
印刷―――――　慶昌堂印刷株式会社
製本―――――　牧製本印刷株式会社

定価はカバーに表示してあります。
落丁本・乱丁本は購入書店名を明記のうえ、小社業務あてにお送りください。
送料は小社負担にてお取り替えします。
なお、この本の内容についてのお問い合わせは第一事業局企画部「＋α新書」あてにお願いいたします。

ISBN978-4-06-272930-7